Le Livre des Gémeaux

Tout ce que vous devez savoir sur ce signe du zodiaque.

Rubi Astrólogas

C

Qui est Gémeaux ?

Date : du 21 mai au 21 juin

Jour : Mercredi

Couleur : Bleu

Élément : Air

Compatibilité : Balance, Bélier et Verseau

Symbole :

Mode : Modifiable

Polarité : Mâle

Planète dominante : Mercure

Maison : 3

Métal : Mercure

Quartz : cristal, béryl et topaze.

Constellation : Gémeaux

Que signifie Gémeaux ?

Le mot Gémeaux vient du latin gemĭni et signifie « frères jumeaux ». En latin, Gémeaux signifie littéralement « les jumeaux » (Castor et Pollux). Les Gémeaux symbolisent la dualité et l'antagonisme du corps et de l'âme. Il représente également l'idée que la vie à son origine dans l'union de deux opposés.

Mythologie

Il existe un mythe lié aux Gémeaux qui raconte que deux frères Castor et Pollux, fils de Zeus, vivaient unis par une immense amitié. Castor était mortel et Pollux immortel. Joyeux, déterminés et physiquement vigoureux, les deux frères se démarquaient également sur le champ de bataille.

L'amour a conduit à la mort de Castor, qui a enlevé l'une des filles de Leucippe, dont il était amoureux. Harcelé et tué par le petit ami de la jeune femme, il meurt dans la bagarre.

Pollux, découragé par la mort de son frère, pria Zeus de lui rendre la vie. Zeus n'a pas entièrement accédé à sa demande, mais a uni les deux frères dans la constellation des Gémeaux afin qu'ils puissent tous deux vivre ensemble pour l'éternité.

Mercure, la planète dominante des Gémeaux

Mercure, le messager des dieux, est la planète qui gouverne les Gémeaux et la Vierge. C'est la planète de communication. Le travail de Mercure est de démonter les choses et de les reconstruire. C'est une planète sans émotion et indiscrète.

Mercure ne régit pas seulement la communication, mais représente l'organisation et la tactique. Les idées et les informations sensorielles doivent être coordonnées et organisées. Mercure analyse, classe, regroupe et donne un sens à ces idées.

Pierres ou Quartz pour les Gémeaux

La perle est la pierre des Gémeaux. Cette pierre symbolise la pudeur et l'amitié. La perle est liée aux relations, a des propriétés curatives et est efficace pour les problèmes cardiaques et gastriques.

Une autre pierre des Gémeaux est l'œil de tigre. En portant cette pierre, les personnes de ce signe se sentiront plus stables mentalement et augmenteront leurs chances d'attirer la chance.

La calcédoine est une autre pierre liée à ce signe. Cette pierre vous aidera à mieux structurer vos idées et à communiquer efficacement.

L'aigue-marine peut également aider les personnes de ce signe à mieux communiquer et à exprimer leurs sentiments plus clairement et plus efficacement. Cela peut être utile dans les relations personnelles et professionnelles.

Caractéristiques physiques des Gémeaux

Les Gémeaux sont généralement minces, très flexibles et agiles. Son visage est très expressif, surtout ses yeux.

Ses mains sont expressives, rapides et vives, et ses yeux pétillent toujours d'intelligence et de curiosité.

Le visage des Gémeaux a un équilibre symétrique. Leurs traits brillent toujours d'une curiosité rayonnante et joyeuse à propos de leurs auras innocentes. Ses lèvres sont charnues et ses cheveux ondulés.

Ils peuvent également avoir une mâchoire fine et un nez saillant.

Le corps des Gémeaux

Le système nerveux, le système respiratoire, les bras et les épaules sont les points les plus sensibles ou les plus vulnérables des Gémeaux. Ces organes sont importants car l'air y pénètre et nous expulsons le dioxyde de carbone, qui est essentiel au fonctionnement de l'organisme. C'est pourquoi toute complication, que ce soit dans les poumons ou les bronches, peut signifier de graves problèmes pour un Gémeaux.

Les Gémeaux doivent être très attentifs aux maladies de ces parties du corps. Une mesure très importante est de ne pas fumer.

L'agitation des Gémeaux les fait se sentir vivants, mais le problème est qu'être dans un état constant de nervosité est malsain et peut entraîner de l'anxiété, de l'insomnie et de la dépression.

Femme Gémeaux Physiquement

Les femmes Gémeaux jouissent généralement d'une excellente santé, mais parfois elles sont fatiguées parce que leur cerveau fonctionne toujours jusqu'à l'épuisement.

Les femmes Gémeaux sont belles. Ils sont minces, avec un beau visage. Leurs cheveux sont généralement raides et longs. Ils sont polyvalents, ont un style vestimentaire unique, allant du formel au décontracté avec facilité.

Ils possèdent une caractéristique physique unique qui est leur taille. Elles sont généralement plus petites que la plupart des femmes et sont minces.

L'homme Gémeaux physiquement

Les hommes Gémeaux sont réputés pour avoir des personnalités dédoublées, cette dualité se reflète dans leur prise de décision. Parfois, ils sont sociables, et d'autres fois, ils se concentrent intensément sur leur partenaire. Ils adorent les placards élégants. L'une des caractéristiques qui caractérisent un homme Gémeaux est sa capacité à communiquer. Les Gémeaux sont très sociables et habiles avec les mots, ce qui les rend très attrayants.

Traits physiques des Gémeaux

Boutons de manchette tête

La tête des Gémeaux se distingue par un front haut et large. Le menton sera généralement bien proportionné, tandis que la mâchoire est souvent pointue.

Cheveux jumeaux

Les cheveux des Gémeaux ont généralement une carrure fine et peuvent être brun clair ou foncé. Cependant, ils ont souvent tendance à être gris à un âge précoce. Dans le cas des hommes, ils sont également sujets à l'alopécie.

Les yeux des Gémeaux

Ils ont des yeux bruns, bleus, verts ou gris, qui bougent constamment d'avant en arrière. Son regard est captivant. Les Gémeaux ne quittent jamais les yeux sur le même objet pendant plus de cinq secondes. La vitesse à laquelle vos yeux bougent est le moyen le plus simple de les reconnaître.

Le nez des Gémeaux

Le nez des Gémeaux est généralement différent. Ils ont probablement un nez bien formé, qu'il soit long et diagonal, ou petit et arrondi à l'extrémité. Habituellement, le nez est pointu.

Les lèvres des Gémeaux

Les lèvres des Gémeaux sont génériques et équilibrées. Ils ne sont pas très excellents, ou très petits. Cependant, la lèvre supérieure peut être droite et d'apparence plus fine.

Le visage des Gémeaux

Le visage peut avoir une indentation au menton ou au nez. Beaucoup ont des traits fins et lisses. Ils ont tendance à avoir le teint pâle, bien qu'ils bronzent généralement facilement.

Les zones sensibles des Gémeaux

Les Gémeaux sont très curieux et adorent essayer de nouvelles choses avec leur partenaire, il est donc important de les garder intéressés avant qu'ils ne s'ennuient.

La séduction est la clé pour ce signe du zodiaque, donc si votre partenaire est un Gémeaux, pratiquez toutes les caresses qui précèdent l'acte sexuel, car parfois c'est plus pertinent.

Surtout, caressez la poitrine, le torse et les bras, toujours suivis de mots, car les Gémeaux sont un signe qui valorise la communication.

Personnalité des Gémeaux

Les Gémeaux possèdent le don de vomir, ils ont beaucoup d'énergie mentale, ils ont une grande conscience de tout ce qui les entoure. C'est pourquoi ils sont de si bons communicateurs, quelque chose dont ils peuvent tirer beaucoup s'ils apprennent à l'appliquer, à la fois dans leur vie quotidienne et pour des projets généraux.

Les Gémeaux dans les relations. Généralités

Les Gémeaux dans les relations

Les Gémeaux sont aventureux, curieux et aiment la nouveauté et l'excitation dans leurs relations. Ils sont joyeux, amicaux et sociables, et ils aiment garder la romance et l'éclat dans leur vie amoureuse.

Lorsqu'un Gémeaux tombe amoureux, il exprime ses sentiments et veut dire à quel point il aime son partenaire. Vous voudrez peut-être aussi présenter votre partenaire à tous vos amis, et ils voudront peut-être être vus ensemble en public.

Les Gémeaux sont affectueux mais s'ennuient facilement et peuvent rapidement se désintéresser de la relation. Étant un signe d'air, il a besoin de l'attention de son partenaire et aime les détails constants.

Les Gémeaux sont réputés pour avoir le don de jauger avec lequel ils peuvent convaincre n'importe qui. Cet attribut ne leur servira pas seulement à persuader et à manipuler, mais c'est leur force et les aide dans leurs relations personnelles.

Les Gémeaux sont curieux et émotifs, et ils sont constamment désireux d'en savoir plus sur leur partenaire.

Les Gémeaux en tant que parents

Papa Gémeaux apporte un sens du plaisir et de l'humour à votre maison. Ils adorent défier mentalement leur famille, c'est pourquoi on les trouve souvent en train de jouer avec leurs enfants.

La conversation et le débat sont une partie importante de votre vie de famille. Elle aime faire la lecture à ses enfants, les emmener au cinéma ou regarder des émissions de télévision ensemble pour en parler plus tard. Ils apprécient un esprit vif et élèvent leurs enfants pour qu'ils soient débrouillards, curieux et têtus.

Vos enfants adoreront leur esprit amusant et en mouvement. Leurs goûts changent fréquemment, et ils sont susceptibles de trouver cela excitant.

Assurez-vous de leur donner de la cohérence. Pour que les enfants se sentent comme eux, ils ont besoin de moments de la journée sur lesquels ils peuvent compter, comme les dîners en famille et les routines du coucher.

Jumeaux enfants

C'est l'enfant le plus intéressant du zodiaque. Au moment où il commence à parler, il a déjà accumulé une série infinie d'impressions et de mots, et il le montre immédiatement. Il se parle à lui-même et aux autres, et la parole est son ami inséparable, qu'il préfère à la compagnie d'autres enfants de son âge.

Ses jeux sont presque toujours solitaires, il n'est guère satisfait d'une réponse et veut toujours enquêter jusqu'à ce qu'il n'ait plus de doutes. Puis il l'abandonne pour un autre qui l'intéresse davantage. Si le jeu n'a pas d'aspects intéressants, n'insistez pas et passez immédiatement à autre chose.

Ils ont une incroyable capacité à percevoir les énergies et il est très important pour leur développement que l'environnement dans lequel ils vivent soit serein, car ils ont tendance à somatiser les tensions extérieures. C'est un enfant précoce, qu'il faut conduire très prudemment et sans lui donner d'ordres qu'il ne comprend pas.

Il a une intelligence brillante et ne supporte pas la monotonie. Il est très important d'orienter vos intérêts vers des sujets qui vous permettent de développer votre créativité.

L'ordre doit être inculqué par des exemples précis.

Les enfants Gémeaux sont très sensibles, et les histoires troublantes peuvent capter leur imagination et les faire paniquer face à l'obscurité et aux cauchemars. L'enfant Gémeaux a besoin de montrer le côté heureux des histoires pour enfants.

L'amour et l'intimité dans la vie des Gémeaux

L'homme Gémeaux

Les hommes Gémeaux sont les plus complexes du zodiaque, mais ce sont aussi ceux qui ont le plus de place dans leurs ambitions.

Le signe des Gémeaux sait qu'une vie ne suffit pas pour réaliser tout ce dont vous rêvez, et c'est pourquoi ils décident d'être multiples, différents, ils veulent épuiser toutes les expériences que la vie met à leur portée, boire tout le jus de la vie, et c'est pourquoi ils osent être plus d'une personne à la fois.

Il n'est pas facile de s'entendre avec un Gémeaux, car ce sont des personnes aux personnalités divisées. Ils savent vivre simultanément le masculin et le féminin, le charnel et le spirituel, l'éternel et le contigu.

Ils décident pour le meilleur de ces deux voix que nous entendons tous lorsque nous prenons une décision. Parfois, ils sont machiavéliques, ils créent leur propre code moral, et il n'est pas toujours facile de comprendre l'essence de leurs décisions.

Ils n'agissent pas avec le cœur, mais par commodité.

Ce n'est pas facile d'aimer un homme Gémeaux, ce ne sont pas des gens qui se donnent facilement. Il faut faire un effort et être patient. Les Gémeaux sont des spectateurs de la vie, observant plutôt que d'être emportés par les passions.

Lorsqu'ils décident de fonder une famille, les Gémeaux se révèlent être des parents aimants et sincères. Ils n'ont pas envie d'infidélité ou d'autres aventures une fois qu'ils se sont installés.

Ils sont extraordinairement travailleurs, travailleurs et déterminés, et leurs capacités d'analyse les empêchent de faire un faux pas.

Les Gémeaux détestent la solitude.

La femme Gémeaux

Pour aimer une femme Gémeaux, il faut être patient, car avec elle, nous sommes confrontés à l'un des signes les plus mystérieux. Cette femme a une âme intense et une personnalité pleine de complications.

Il n'est pas facile d'atteindre son cœur, ni d'y rester. Il est plus facile de se perdre en cours de route. Rencontrer un Gémeaux est un véritable événement.

Les femmes Gémeaux sont compliquées. Ils ont des personnalités différentes en eux, ils ont donc des expériences différentes dans une vie.

Cet appétit pour les expériences fait des femmes Gémeaux des personnes indignes de confiance. La meilleure chose à faire est de remplir leur vie de surprises et de défis pour ne pas tomber dans une ornière ou ils s'enfuiront sans dire au revoir, car pour eux, la stagnation est pire que la mort.

Ils sont travailleurs et créatifs, ils ne doivent pas être contraints d'effectuer des activités routinières, car en perdant leur intérêt, ils perdent leur capacité de production.

Les Gémeaux ne donnent pas toujours la priorité à la fondation d'une famille ou au mariage, car ce sont des femmes indépendantes, qui n'ont pas peur d'être des mères célibataires ou de subvenir à leurs besoins. Ils n'ont pas peur de la solitude.

Pour un Gémeaux, une relation n'est complète que si le partenaire est aussi intense et audacieux qu'eux. La douceur et les promesses non tenues n'en valent pas la peine.

Scénarios sexuels pour les Gémeaux

Les Gémeaux aiment le sexe, pour lui c'est une autre forme de communication. Les Gémeaux ont un fort appétit sexuel et quelques commentaires subtils suffisent à l'activer.

En ce qui concerne les propos cochons, les Gémeaux ont écrit un dictionnaire, vous pouvez donc les activer en expliquant mot pour mot ce que vous aimez faire au lit. De cette façon, il ressentira et analysera en même temps, une combinaison qui pour lui est orgasmique.

Les Gémeaux ont des goûts sexuels insaisissables. Pour eux, le sexe est une expérience où le corps et l'esprit se rejoignent parfaitement. Ils aiment briller au lit et ne font pas toujours la chose routinière.

Les Gémeaux aiment la variété et le plaisir au lit. C'est assez stimulant et ils se laissent porter par les plaisirs du corps, ils adorent les baisers passionnés.

Les Gémeaux aiment entendre des phrases réconfortantes lors de leurs rendez-vous intimes. Votre fantasme sexuel implique d'écouter des conversations passionnantes au moment de faire l'amour, certaines trop audacieuses que vous ne diriez pas en dehors de ces moments passionnés.

La façon dont les Gémeaux font l'amour est variée, énergique et créative. Ils sont curieux de toutes sortes d'expression sexuelle, sont généralement prêts à faire n'importe quoi et essaient toujours quelque chose de nouveau.

Pour les Gémeaux, le sexe englobe les aspects physiques, émotionnels et sensuels, il joue donc un rôle important dans leurs relations.

Gémeaux avec Bélier dans le sexe

Ce couple énergique fait d'eux de bons amis et amants. Les deux apprécient l'humour de l'autre et partagent une préférence pour une vie sociale active. Il y aura des problèmes dans la chambre à coucher, parce que vous serez tous les deux excités par le sexe. Un combo si chaud qu'ils s'épuisent sexuellement.

Les Gémeaux aiment parler, tandis que le Bélier aime l'action, mais la combinaison de ces traits fait que l'acte sexuel fusionne avec l'esprit. C'est un domaine où le Bélier se sent à l'aise avec quelqu'un de responsable.

L'une des choses que les Bélier Gémeaux aiment le plus est leur nature bavarde. Il s'agit d'une rencontre amusante et décontractée, les deux signes étant désireux de se surpasser l'un l'autre dans la passion. Ici, l'étincelle est entretenue par l'imagination des Gémeaux et la capacité du Bélier à maintenir l'action. Ils ont tous les deux soif de nouvelles expériences, ils seront donc ravis.

Gémeaux avec Taureau dans le sexe

Lents et réguliers, frivoles et trépidants, ce sont de bons compagnons de lit.

Les Gémeaux sont très curieux du Taureau, et le Taureau suscite des sentiments profonds et compliqués chez les Gémeaux. Le Taureau a ses propres insécurités et voit les Gémeaux comme quelqu'un qui est très à l'aise avec le changement et la communication. Les Gémeaux ont toujours besoin de stimulation intellectuelle.

Une façon d'atteindre le cœur du Taureau est de passer par l'estomac, mais le cœur des Gémeaux est atteint par le cerveau. Les deux signes lâchent prise sur leurs insécurités et se lient malgré leurs peurs. Ils aiment tous les deux la poursuite du plaisir et aiment faire des choses qui nécessitent une complicité intellectuelle et émotionnelle.

Jumeaux avec des jumeaux dans le sexe

Ils ont beaucoup en commun, en dehors de l'amour de la communication, ils recherchent tous les deux la même chose. Le sexe entre deux Gémeaux est un tourbillon de passion et de connexion.

Ce couple ne s'ennuiera pas et il n'y aura pas de place pour la monotonie car ils aiment essayer de nouvelles choses. Les deux sont très innovants et généreront de nouvelles idées dans la relation qui vous aideront positivement.

Quelque chose qui peut vous blesser, c'est que vous aimez tous les deux flirter et cela peut mettre en péril la relation. Bien qu'ils ne soient pas très jaloux, ils sont possessifs et s'ils voient un détail qu'ils n'aiment pas, ils peuvent se mettre en colère.

Les Gémeaux aiment communiquer, ils peuvent passer des heures à parler et à dire des choses à leur partenaire. Cependant, ils doivent apprendre à parler de sujets tabous, apprendre à écouter leur partenaire et faire un effort pour qu'il se sente en sécurité.

Jumeaux atteints de cancer dans le sexe

Le cancer est très collant et tout est une question d'engagement. Les Gémeaux sont synonymes d'élargissement des horizons.

Cette relation peut fonctionner parce que les deux signes ont besoin de leur propre espace et de leur indépendance, et qu'ils ont tous deux soif de variété. Ils partagent un sens de l'humour, ce qui aide certainement à construire leur relation.

Les Gémeaux et le Cancer sont des créatures sensibles. Le Cancer exprime ses sentiments d'une manière évidente et émotionnelle. Au lit, les Gémeaux curieux et le Cancer affectueux s'excitent en explorant leurs désirs cachés.

Gémeaux avec Lion dans le sexe

Le sexe sera brillant alors que vous aimez tous les deux vous emmener l'un l'autre vers de nouveaux sommets de satisfaction sexuelle.

Leo pense que les Gémeaux sont l'une des personnes les plus incroyables qu'ils aient jamais rencontrées, et le Lion, en fait, a besoin d'un partenaire qui peut être à la hauteur de leurs normes. Les Gémeaux trouvent en Lion quelqu'un avec qui ils peuvent vraiment se connecter intellectuellement, ce qui est exactement ce qu'ils recherchent. Les Gémeaux excitent particulièrement le Lion lorsqu'ils montrent à quel point ils peuvent faire face à une situation de manière logique et raisonnable.

La salle sera pleine d'excitation, il y aura de longues nuits, à la fois éveillés, parlant et partageant leurs cœurs et leurs esprits.

Gémeaux avec la Vierge dans le sexe

Ils seront d'incroyables alliés, tous deux sont gouvernés par la planète Mercure, ce qui signifie qu'ils pourront explorer leurs curiosités. Les Gémeaux sont quelqu'un que la Vierge admire, quelqu'un qui les inspire créative ment, et les Gémeaux permettent à la Vierge d'explorer son côté inventif.

Son énergie au lit est un mélange de l'approche lubrique et terre-à-terre de la Vierge pour réaliser l'amour et la passion électrique des Gémeaux. Il s'agit d'une aventure très chaude, et une situation d'amitié avec des avantages peut fonctionner tant qu'ils maintiennent un dialogue ouvert sur leurs sentiments et leurs limites.

Les Gémeaux ont besoin d'un partenaire ouvert d'esprit et libre d'esprit, la Vierge doit donc faire attention à ne pas juger trop souvent.

Gémeaux avec Balance dans le sexe

Les deux sont des signaux aéroportés, et c'est une excellente combinaison au lit. L'approche de la Balance en matière d'amour est le complément parfait des Gémeaux aux conversations lubriques.

Les Gémeaux trouvent l'inspiration créative à travers la Balance, mais la Balance est profondément enthousiaste à propos de l'esprit des Gémeaux et aime entendre leurs histoires. La Balance allume définitivement les Gémeaux.

Les Gémeaux, qui sont si visuels, adoreront la présence sexy de la Balance dans la chambre à coucher.

Gémeaux avec Scorpion dans le sexe

Leurs esprits ne seront pas les seules choses qui exploseront dans cette connexion amoureuse explosive. Les perspectives chaleureuses du Scorpion correspondent bien à l'attitude des Gémeaux selon laquelle tout est permis.

Un scénario d'amitié avec des avantages ou une aventure d'un soir sera intense, mais ils ont des façons différentes de redonner, ils doivent donc être patients les uns avec les autres pendant qu'ils trouvent la meilleure façon de communiquer les uns avec les autres. Au lit, l'énergie sera spectaculaire et passionnée.

Gémeaux avec Sagittaire dans le sexe

Les deux signes adorent parler, mais lorsqu'ils vont se coucher, l'activité orale se termine.

Ils sont curieux et intelligents, et ils aiment se connecter avec passion. Leur énergie sexuelle est excitante et électrique. Si vous décidez de garder votre relation en tant que relation, vous vous connecterez probablement fréquemment au fil des ans, mais si vous voulez vous engager, vous serez en mesure, même à distance, de maintenir la relation.

Gémeaux avec Capricorne dans le sexe

Le sexe est un jeu pour les Gémeaux, tandis que pour le Capricorne, il n'y a que du travail et pas de jeux.

Dans la chambre à coucher, la sensualité terre-à-terre du Capricorne et sa vaste collection de sex-toys excitent les Gémeaux curieux. Si vous vivez ensemble, les Gémeaux peuvent aider le Capricorne à continuer à bouger au lieu de rester assis à son bureau tout le temps.

Gémeaux avec Verseau dans le sexe

Ils sont tous les deux sauvages au lit. Quel que soit l'acte sexuel que les Gémeaux prévoient, le Verseau sera prêt à s'engager.

Le Verseau est totalement inspiré par la créativité des Gémeaux, et leur énergie dans la chambre à coucher sera électrique. La facilité de communication entre eux signifie que ces deux-là s'amuseront beaucoup sous les couvertures.

Gémeaux avec Poissons dans le sexe

Leurs rencontres sexuelles seront fabuleuses et très amusantes, les Gémeaux sont attirés par l'imagination et les capacités sexuelles des Poissons. Pendant ce temps, l'approche logique des Gémeaux est très attrayante pour les Poissons.

Les deux sont polyvalents dans la chambre à coucher. L'énergie romantique des Poissons mélangée à la curiosité des Gémeaux permet de s'amuser beaucoup entre les draps. Même s'il ne s'agit que d'une aventure, ces deux signes apprendront beaucoup l'un de l'autre.

Gémeaux et vocation

Les Gémeaux possèdent une excellente agilité mentale et sont très curieux. C'est un signe qu'ils savent profiter des opportunités pour accroître leurs connaissances.

Vos compétences en communication et votre maîtrise de divers sujets sont synchronisées pour vous permettre d'entrer facilement en relation les uns avec les autres dans les domaines que vous fréquentez.

La monotonie ne convient pas à ce signe. Ils ont besoin d'une stimulation intellectuelle et d'élargir constamment leurs connaissances dans divers domaines d'intérêt. La nature impatiente des Gémeaux nécessite un changement constant. Sinon, votre esprit est découragé et détruit.

Les meilleurs métiers

Les Gémeaux sont des personnes aux multiples facettes. C'est le signe le plus affable, le plus sympathique et le plus communicatif du zodiaque. Ils sont les mieux adaptés aux courses qui ont une interaction avec le public et offrent de la variété. Ils sont très polyvalents, c'est pourquoi ils ont tendance à changer souvent de profession. Journalisme, médias généralistes, artistes musicaux ou théâtraux, relations publiques, écrivains et ventes.

Combinaisons de numéros porte-bonheur

3 - 4 - 8 - 15 - 35

3 - 24 - 26 - 29 - 31

3 - 8 - 13 - 21 - 33

2 - 6 - 8 - 12 - 17

8 - 18 - 22 - 24 - 31

1 - 12 - 14 - 26 - 27

11 - 17 - 26 - 29 - 3

1 - 2 - 5 - 10 - 31

1 - 6 - 10 - 14 - 21

10 - 19 - 21 - 23 - 32

5 - 6 - 8 - 28 - 33

18 - 20 - 22 - 27 - 32

10 - 13 - 19 - 30 - 35

9 - 13 - 20 - 27 - 28

4 - 14 - 23 - 35 - 36

8 - 12 - 30 - 32 - 33

18 - 21 - 31 - 32 - 36

10 - 15 - 18 - 21 - 23

2 - 15 - 16 - 19 - 26

Couleurs porte-bonheur

Bleu. L'une des couleurs les plus cool est le bleu. Il est lié à l'honnêteté, à l'équité et à l'intelligence. Le bleu active vos pouvoirs de guérison, augmente la vitalité et a un effet calmant lorsque vous êtes nerveux.

Il est bénéfique pour la circulation sanguine, active l'intuition et l'expression artistique.

Le bleu est associé à l'élément de l'eau, et les personnes ayant un bleu fort dans leur aura sont équilibrées. C'est la couleur la plus froide du spectre, symbolisant la foi, la vérité, la tranquillité, le ciel et l'intelligence. Le bleu est lié à la conscience. Les pharaons égyptiens portaient du bleu pour se protéger du mal.

Cette belle couleur nous aide à être humbles et nous fait progresser vers la maturité spirituelle, évoluant vers un état de conscience supérieur. Le bleu représente le développement spirituel et la paix.

Le bleu-vert, une nuance de bleu, représente la volonté et est passif, autonome, possessif et immuable. Ses aspects affectifs sont la persévérance, l'affirmation de soi et l'estime de soi.

Le bleu foncé est représentatif des expériences, de la profondeur, de la connaissance et du pouvoir.

Le bleu turquoise projette une force rafraîchissante, fraîche et imaginative. C'est un symbole de jeunesse. Il a un effet sédatif. La pierre utilisée pour représenter cette couleur est l'aigue-marine.

Avec cette teinte, vous pouvez réduire le stress et la fatigue si vous l'utilisez pour décorer votre maison, car elle apporte de la clarté aux espaces.

Jours de chance

Mercredi et vendredi

Heures de chance

Toutes les heures de la planète Mercure, Vénus et Soleil.

Lunes porte-bonheur

Les Lunes dans les signes des Gémeaux, du Sagittaire et de la Balance dans la phase du premier trimestre.

Signes avec lesquels vous ne devriez pas échanger

Taureau, Capricorne et Vierge. Les Gémeaux ont beaucoup
de mal à se rapporter à l'élément Terre. Les Gémeaux
aiment la liberté et les signes de terre aiment la stabilité.

Signes à associer

Le Bélier et la Balance, si les Gémeaux s'associent à eux,
seraient un excellent choix car ils peuvent faire de grandes
affaires ensemble.

Déchiffrer le signe des Gémeaux

Les Gémeaux possèdent une grande adaptabilité et
polyvalence, ils sont intellectuels, éloquents, affectueux et
intelligents. Ils ont beaucoup d'énergie et de vitalité, ils
aiment parler, lire et faire plusieurs choses en même temps.

C'est un signe qui aime l'inhabituel et le nouveau, plus
il y a de variété dans votre vie, mieux c'est. Son caractère
est double et complexe, parfois contradictoire. D'une part, il
est polyvalent, mais d'autre part, il peut être malhonnête.

Les Gémeaux sont le signe des Gémeaux, et en tant
que tels, leur caractère et leur façon d'être sont doubles. Ils

représentent la contradiction et changent facilement d'opinion ou d'humeur. Les Gémeaux sont très actifs et ont besoin d'être occupés tout le temps, ils aiment faire plusieurs choses à la fois et essayer de nouveaux défis.

Ils ont le bonheur, l'imagination, la créativité et l'agitation des enfants. Certains se lancent dans de nouvelles activités et de nouveaux défis avec enthousiasme, mais manquent souvent de persévérance pour les terminer.

De leur point de vue, la vie est un jeu et ils sont à la recherche de plaisir et de nouvelles expériences. Les Gémeaux sont le signe le plus enfantin du zodiaque.

Leur bonne humeur et leurs capacités de communication disparaissent lorsqu'ils sont confrontés à un problème, car ils ont tendance à se décourager dans les pires circonstances et à laisser les autres chercher des solutions.

Les Gémeaux sont très intelligents, ils demandent tout. Cela fait d'eux des maîtres du débat. C'est l'un des signes avec le QI le plus élevé.

Compatibilité Gémeaux - Bélier en amour

Les Gémeaux et le Bélier sont une relation forte avec toutes sortes de dynamiques, y compris l'amitié et la romance. Le Bélier et les Gémeaux aiment leurs erreurs et apprécient l'élan de l'autre. Avec leurs blagues, leurs mots de code et leur amuscment, les Gémeaux et le Bélier font ressortir le meilleur de l'autre. Le danger, cependant, est que ni les Gémeaux ni le Bélier ne sont particulièrement doués pour appeler la nuit.

Dans ce couple, il est important que l'un d'entre vous prenne ses responsabilités. Sinon, il peut être difficile pour ces fêtards de cultiver une relation saine et émotionnellement saine.

Compatibilité Gémeaux - Bélier en amitié

Pour qu'ils aient une amitié durable, ils doivent faire leur part. Dès le début, chacun d'entre eux est impressionné par la personnalité de l'autre et se rend également compte qu'ils partagent des passe-temps.

Les Gémeaux ont tendance à être charmants avec tout le monde, ils ont un moment très facile à socialiser et c'est un trait qui passionne le Bélier. Une chose que le signe d'air aime vraiment, c'est la sincérité et la loyauté que dégage le Bélier, car parfois elles doivent être dites ouvertement.

Cette relation peut vous rendre tous les deux dépendants l'un de l'autre, car vous avez besoin de conseils et d'opinions de vos amis, mais vous continuerez à agir indépendamment.

Compatibilité Gémeaux-Bélier à l'œuvre

Ils ont tous les deux beaucoup d'initiative et savent comment prendre les choses en main. Ce sont des travailleurs acharnés et ils mettent tous leurs efforts pour s'assurer que tout se passe bien. Ils ont une capacité de leadership qui les mène à un succès total.

Le Bélier adore conduire, et c'est quelque chose que les Gémeaux ne supportent pas parce qu'ils n'aiment pas qu'on leur dise quoi faire. Cependant, s'ils font leur part et se font confiance, ils peuvent obtenir un grand succès. Le Bélier est plus confiant dans ce qu'il fait, malgré son impulsivité sans penser aux avantages et aux inconvénients, et les Gémeaux s'appuient sur la communication pour négocier et réfléchissent à tout avant d'agir.

.

Compatibilité Gémeaux - Taureau en amour

Les Gémeaux et le Taureau ne sont pas une relation confortable, mais si vous faites tous les deux des efforts, vous pouvez parvenir à une relation durable. Le Taureau, avec son fort caractère, n'a jamais peur de fixer des limites. Les Gémeaux ont une façon complètement différente de voir le monde, ils ne comprennent donc pas la demande impatiente de sécurité du Taureau. Cependant, s'ils peuvent négocier entre la permanence et la fugacité, ils peuvent s'enseigner mutuellement des leçons inestimables. Si le Taureau et les Gémeaux sont prêts à faire des changements substantiels pour compenser les besoins de l'autre, cette relation a le potentiel d'être à la fois stimulante et amusante.

Compatibilité Gémeaux - Taureau en amitié

Ils partagent une amitié délicate, où ils apprennent toujours l'un de l'autre. Le Taureau est un signe très concentré, et les Gémeaux sont assez intelligents, libres et ne ressentent aucun attachement. Le Taureau et les Gémeaux peuvent se compléter et apporter des connaissances dans de longues conversations. Le Taureau peut agir comme un point d'ancrage pour les Gémeaux, qui peuvent être imprévisibles. Le Taureau est attiré par la rapidité, l'esprit et l'intelligence des Gémeaux. Les

Gémeaux admirent la détermination du Taureau et la façon dont ils sont guidés par leurs sens et leurs émotions.

Compatibilité Gémeaux - Taureau au travail

Il y a une excellente compatibilité au travail. Les Taureaux persévèrent dans leurs objectifs. Ils n'abandonnent jamais et obtiennent tout ce qu'ils ont prévu de faire. Cela aide beaucoup les Gémeaux, car ils seront capables de réfléchir avant d'agir.

Les Gémeaux seront ceux qui mèneront un projet qu'ils ont en main et verront que la patience du Taureau est importante pour atteindre l'objectif.

Compatibilité Gémeaux - Gémeaux amoureux

Gémeaux, c'est comme une fête en plein jour. Ils se comprennent profondément et ne se fatiguent jamais. Le problème avec ce couple, c'est qu'ils n'ont peut-être pas de perspectives. Pour qu'une relation carrée en Gémeaux réussisse à long terme, chacun d'entre vous doit s'assurer qu'il apprend à écouter. Vous aurez tous les deux beaucoup d'idées innovantes, mais à moins que l'un de vous ne soit prêt à offrir de la stabilité, vous risquez de perdre le contrôle et de tuer la relation.

Compatibilité Gémeaux - Gémeaux en amitié

Lorsque deux Gémeaux se rencontrent, c'est synonyme d'aventure, de variété et de nouvelles émotions. Ils aiment tous les deux s'amuser, voyager, organiser des sorties, ce qu'une fois ensemble, ils ne peuvent s'empêcher de faire.

De plus, vous offrirez tous les deux de la loyauté l'un envers l'autre, vous verrez que vous pouvez être amis pour la vie, que vous pouvez faire aveuglément confiance à l'autre personne et que vous vous aiderez mutuellement dans tout ce dont vous avez besoin. Le fait qu'ils soient si similaires leur permet de se voir dans un miroir et de se comprendre parfaitement.

Compatibilité Gémeaux - Gémeaux au travail

C'est dans ce domaine que les plus grandes différences peuvent survenir. Cependant, ils sont tout à fait compatibles. Lorsque les Gémeaux se réunissent, ils voudront se fixer le même objectif et se battre avec les mêmes outils pour atteindre l'objectif.

Si l'un d'entre vous a besoin d'aide, l'autre n'hésitera pas à vous donner un coup de main, à vous soutenir et à vous encourager dans tout ce qui est nécessaire. C'est quelque chose qu'ils apprécient tous les deux positivement.

Bien sûr, ils doivent être vigilants avec jalousie, et si l'un d'eux se démarque plus que l'autre, cela peut générer de l'envie et n'acceptera pas l'aide ou les ordres de l'autre. Malgré tout, grâce à la bonne communication dont ils disposent, ils sauront comment communiquer et expliquer ce qu'ils ressentent et résoudre le problème.

Gémeaux - Cancer en amour Compatibilité

Les Gémeaux et le Cancer peuvent construire une belle relation s'ils le veulent. Le Cancer a une approche très distinctive de la vie, car il est très sensible et intuitif, et il a besoin de beaucoup d'amour et de validation pour se sentir en sécurité.

Au début, il peut sembler que le cerveau des Gémeaux ne peut jamais offrir ce genre de configuration, mais les Gémeaux sont flexibles. Si le Cancer sait comment communiquer directement ses besoins, les Gémeaux s'efforceront de répondre à leurs besoins. Les émotions profondes et la sensibilité du Cancer sont également mises à l'épreuve par le détachement des Gémeaux. Cependant, si les Gémeaux enlèvent leurs masques, cela pourrait être un couple qui vaut la peine d'être gardé. En fin de compte, bien que cette relation nécessite un certain engagement et un certain investissement, ces signes peuvent créer une connexion compatissante et amusante.

Gémeaux - Compatibilité Cancer dans l'amitié

Même si lors du premier rendez-vous, le Bélier et le Cancer ne prêtent pas beaucoup d'attention l'un à l'autre et n'ont pas ce lien, ils peuvent devenir amis. Même s'ils ne seront pas les meilleurs amis, ils deviendront quelqu'un qui devra se soutenir mutuellement. Ils ont besoin de temps pour apprendre à se connaître, pour creuser plus profondément l'un dans l'autre et pour voir où ils se situent.

Ils sont tous les deux très sincères et loyaux, ce qui les rapprochera et ils pourront forger une amitié pour la vie. Ils devront faire attention à la façon dont les choses sont dites, et le Cancer est très sensible et peut vous blesser à plus d'une occasion.

Gémeaux - Compatibilité avec le cancer au travail

Le Bélier a tendance à diriger et, à plusieurs reprises, se sentira supérieur au Cancer et le commandera. Malgré cela, ils admettront également que le Cancer est plus organisé, plus perfectionniste, ce qui les aidera à renforcer leur estime de soi et à se sentir mieux.

Pour que la relation fonctionne, le Bélier devra traiter le cancer de la manière dont il aimerait être traité. Le Cancer est très ordonné quand il s'agit de travailler, il aime faire tout le travail, tandis que le Bélier se fatigue très vite et abandonne avant d'atteindre la fin.

Compatibilité Gémeaux - Lion en amour

Les Gémeaux et le Lion sont l'esprit de chaque fête, ensemble, ils forment un couple efficace et actif qui a besoin d'être remarqué et écouté. Le Lion aime être au cœur de l'action, et il n'y a rien qui séduise plus les Gémeaux que de célébrer. Ces deux ambassadeurs sociaux sont heureux dans les rencontres, mais ils diffèrent sur de nombreux points.

Le Lion aime briller devant le public, mais en fin de compte, ce qu'il recherche, c'est une relation honnête. Les Gémeaux, quant à eux, ne cherchent pas à impressionner qui que ce soit. En fait, les Gémeaux sont préoccupés par l'assouvissement de leur désir avide de curiosité.

Quand le Lion veut établir la confiance, les Gémeaux veulent s'amuser. En conséquence, le Lion peut apprécier les Gémeaux comme insensibles, tandis que les Gémeaux peuvent se sentir frustrés par les besoins du Lion.

Cependant, grâce à la communication, ils peuvent apprendre à avoir une relation basée sur la recherche et le plaisir.

Compatibilité Gémeaux - Lion dans l'amitié

Dès le premier instant, vous vous rendrez compte que vous avez beaucoup de choses en commun. Soulignant le désir de partir à l'aventure et de profiter pleinement de la vie.

Vous passerez des heures à parler et vous vous rendrez compte que vous êtes au même niveau intellectuel. Les Gémeaux aideront le Lion à être plus persuasif et à établir des relations sociales.

Le Lion est attiré par les Gémeaux en raison de sa créativité, et le Lion appréciera les talents des Gémeaux, ce qui les satisfera de manière satisfaisante. Ils s'admirent tous les deux et peuvent devenir de grands amis.

Compatibilité Gémeaux - Lion au travail

Dans le domaine professionnel, si les deux peuvent se concentrer sur le même objectif, de bons résultats. Le Lion se concentre généralement sur la planification, tandis que les Gémeaux fournissent des idées.

Les Gémeaux sont excellents pour négocier, ce dont le Lion essaiera de tirer le meilleur parti. Les Gémeaux se soucient de l'argent et ne se soucient pas de savoir si le

Lion obtient tout le crédit. Tant qu'il reçoit l'argent, tout le reste n'a pas d'importance pour lui.

Compatibilité Gémeaux - Vierge amoureuse

Les Gémeaux et la Vierge sont gouvernés par Mercure, la planète de la communication, ils partagent donc une compréhension et une appréciation sublimes de l'expression. Cependant, malgré cette influence, ces deux signes ont des façons très différentes de véhiculer des informations. Les Gémeaux sont tous insaisissables, tandis que la Vierge est éminemment accessible.

Les Gémeaux ont l'esprit vif et sont rapides avec leurs pensées, tandis que la Vierge, un analyste et un processeur passionné, ne préfère les idées qu'une fois qu'elles ont été correctement organisées. Par conséquent, une relation entre ces deux signes les oblige à travailler dur pour s'assurer qu'ils partagent et s'écoutent de manière égale. Sinon, les Gémeaux finiront probablement par monopoliser la conversation, tandis que

La Vierge conserve une rage lugubre contre son compagnon excessivement bavard. Les Gémeaux sont sociables et peuvent même rendre la Vierge agitée ou jalouse, cependant, lorsque chaque signe baisse sa garde et décide de s'amuser, cette relation a du potentiel.

Compatibilité Gémeaux - Vierge en amitié

Lorsqu'ils se réunissent, ils se complètent parfaitement et peuvent créer une amitié forte et durable. Ils abordent tous les deux l'adversité et les problèmes avec un grand sens de l'humour, ce qui les rend spéciaux car ils n'accordent pas beaucoup d'importancc aux problèmes.

Les Gémeaux et la Vierge aiment tous deux faire avancer les choses, partir à l'aventure et ne pas laisser la monotonie disparaître. Non seulement cela, mais dès le premier instant où vous vous rencontrerez, vous verrez que vous avez des personnalités très similaires et complémentaires.

Compatibilité Gémeaux - Vierge au travail

En ce qui concerne le domaine de travail, les deux sont très qualifiés, et s'ils ont le même objectif, ils peuvent se compléter et aller très loin ensemble.

Les deux signes ont la capacité d'analyser les choses. La Vierge est très douée pour négocier, et les Gémeaux sont doués pour vendre. Comme aucun d'entre eux n'est intéressé à être guidé par un supérieur, ils ne se mettront pas en colère ou ne seront pas incompris. Encore une fois, ils devront contrôler leur désir de manipuler, car cela peut nuire à la relation.

Gémeaux - Balance en Compatibilité Amoureuse

Entre les Gémeaux et la Balance, il y a une connexion instantanée lorsqu'ils s'accouplent. Les deux s'alignent dans un équilibre parfait. Les deux partagent des conversations amusantes, des histoires fascinantes et de nombreuses célébrations fabuleuses. Cependant, des tensions peuvent survenir lorsque la Balance, malgré tout son charme, est déçue par les blagues des Gémeaux. La vérité est que les Gémeaux parlent de tout avec tout, et la Balance est plus sélective lorsqu'il s'agit d'entamer une conversation, ce que les Gémeaux peuvent trouver un peu arrogant. Cependant, si chaque signe est capable de respecter l'approche de l'autre, le couple peut durer longtemps.

Compatibilité Gémeaux - Balance en amitié

Dès le premier instant où ils se rencontrent, ils se comprennent et savent qu'ils peuvent se faire entièrement confiance. C'est plus ou moins la même chose.

Dans une amitié Gémeaux et Balance, il n'y aura pas de place pour l'ennui. Ils veulent tous les deux interagir constamment et veulent faire beaucoup d'activités parce qu'ils n'aiment pas rester assis à ne rien faire.

Les deux signes sont généralement sélectifs lorsqu'il s'agit de choisir des amitiés, car ils sont exigeants. C'est pourquoi, lorsque vous avez un ami à vos côtés qu'ils considèrent comme un bon ami, ils vous traiteront très bien et voudront qu'il reste dans votre vie pour toujours.

Gémeaux - Compatibilité Balance à l'œuvre

En ce qui concerne l'espace de travail, lorsqu'ils se réunissent, ils peuvent obtenir beaucoup de succès. Ils ont tous les deux un esprit très créatif avec lequel ils accomplissent tout ce qu'ils entreprennent.

La Balance est très organisée et apporte un équilibre au travail, ce qui apportera la tranquillité d'esprit aux Gémeaux, qui sont généralement ceux qui ont le plus d'initiative et qui sont les plus engagés.

Compatibilité Gémeaux - Scorpion amoureux

Les Gémeaux et le Scorpion sont facilement inégaux. Les Gémeaux sont trop occupés par les nombreuses émotions de la vie pour se laisser emporter par un drame particulier, tandis que le Scorpion n'oserait jamais baisser sa garde à moins qu'il ne sache que c'est une réalité. Il est intéressant de noter que les Gémeaux et le Scorpion sont attirés l'un par l'autre d'une manière puissante et séduisante.

Les Gémeaux sont hypnotisés par les esprits du Scorpion, et le Scorpion est préoccupé par le fait d'essayer de gagner l'affection des Gémeaux.

Au début, la relation est stimulée par le désir, mais une fois le couple établi, ils font face à de grandes difficultés. Le Gémeaux entreprenant besoin de liberté, tandis que le puissant Scorpion exige une loyauté inébranlable. Et bien que les Gémeaux soient flexibles, le Scorpion s'accroche à ses propres sentiments, il est donc important que vous vous entraîniez tous les deux à lire les manières de l'autre.

Ce couple n'est pas facile, mais ils ont une chimie incroyable, en particulier sexuelle, et cela peut faire en sorte que cette relation en vaille la peine.

Compatibilité Gémeaux - Scorpion en amitié

Même si vous n'avez pas beaucoup de choses en commun et que vous pouvez entrer en conflit, au moment où vous apprendrez à vous connaître, vous verrez que vous pouvez vous faire beaucoup de bien et que vous pouvez construire une amitié solide.

Les Gémeaux sont assez détendus et ont besoin d'un Scorpion pour organiser leur vie. Le Scorpion défendra son ami jusqu'à la mort et ce sera un test de loyauté pour les Gémeaux.

Compatibilité Gémeaux - Scorpion au travail

C'est le domaine où ils peuvent le mieux faire. Dans le cas où les deux se réunissent pour atteindre le même objectif, le résultat est généralement très bon.

Pour les deux signes, le travail est essentiel, et cela peut leur valoir de grands triomphes. Vous devrez travailler sur vos différences telles que l'instabilité des Gémeaux et la sensibilité du Scorpion, car à partir du moment où vous vous comprenez, vous pouvez faire beaucoup de bien l'un à l'autre.

Gémeaux - Sagittaire en Compatibilité amoureuse

Les Gémeaux et le Sagittaire sont compatibles, en fait, ce couple est l'un des plus dynamiques de tout le zodiaque. Ces signes sont par nature et lorsqu'ils se rencontrent, ils forment un couple de pouvoir incroyablement exquis qui aime les loisirs.

Ils ont des approches similaires de la vie et abordent le monde avec la même frénésie et le même optimisme. Les Gémeaux et le Sagittaire sont des conteurs naturels, et la stimulation mentale entre ces deux signes fait que les neurones se projettent à grande vitesse.

Fondamentalement, c'est une relation qui ne nécessite pas beaucoup de travail, mais vous ne devez pas prendre votre relation pour acquise.

Chaque relation nécessite de la confiance et de l'engagement, vous devez donc tous les deux vous assurer de ne pas prendre trop de libertés.

De manière circonstancielle, l'ego du Sagittaire peut causer des problèmes, mais les Gémeaux, avec leurs capacités suggestives, sauront canaliser les circonstances.

De toute évidence, le Sagittaire a beaucoup de raisons de se vanter, mais il devrait être plus humble.

Compatibilité Gémeaux - Sagittaire en amitié

Lorsqu'ils se réunissent et forment une amitié, celle-ci est durable car ils créent un lien spécial. Vous y trouverez des caractéristiques communes qui vous rendront inséparables.

Ils sont tous les deux sociables, aiment séduire et s'amuser. Les deux signes aiment les voyages et l'aventure. Les Gémeaux seront ceux qui élaboreront les plans, et le Sagittaire acceptera toujours.

Ils sont assez similaires, mais à un moment donné, ils peuvent entrer en collision, il faut donc être prudent.

Compatibilité Gémeaux - Sagittaire au travail

Vous vous comprendrez parfaitement tous les deux car ils ont des personnalités similaires. Si les deux se rejoignent, ils peuvent avoir beaucoup de succès.

Les Gémeaux et le Sagittaire ont un niveau intellectuel élevé et avec cela, ils pourront aller où ils veulent. Les Gémeaux ont beaucoup de compétences en négociation, et le Sagittaire apportera toujours des idées très intelligentes.

Compatibilité Gémeaux - Capricorne amoureux

Les Gémeaux et le Capricorne sont une relation qui nécessite beaucoup de dévouement. Le Capricorne, le signe du zodiaque le plus travailleur, ne comprend pas comment une personne aussi irrégulière peut atteindre un tel succès.

Alors que le Capricorne se consume au travail, les Gémeaux, comme un sorcier, montrent les différentes façons dont ils atteignent le succès, laissant le Capricorne dans l'admiration et complètement amoureux. Grâce à la communication, ces deux-là peuvent progressivement apprendre à mieux se comprendre.

Pour construire une relation saine, le Capricorne doit permettre aux Gémeaux de changer d'avis fréquemment. Les Gémeaux doivent communiquer leur processus de pensée au Capricorne, afin que leur compagnon terrestre puisse raisonner sur les raisons de leurs changements d'opinion disproportionnés.

En bref, la dynamique de cette relation peut fonctionner, mais elle nécessitera un dévouement de part et d'autre.

Compatibilité Gémeaux - Capricorne en amitié

Bien qu'ils aient des personnalités très différentes, une amitié entre les Gémeaux et le Capricorne peut avoir un bel avenir.

Le Capricorne accorde beaucoup d'importance à l'amitié et a besoin d'avoir un ami inconditionnel en qui il peut avoir confiance et faire partie de sa vie. Les Gémeaux ont beaucoup de gens autour d'eux, mais ils n'accordent pas la même importance à l'amitié que le Capricorne.

Les Gémeaux amèneront le Capricorne à commencer à apprécier les amitiés.

Compatibilité Gémeaux - Capricorne au travail

C'est là qu'ils ont le plus de compatibilité. Les deux signes considèrent le travail comme crucial, parfois même en chevauchant avec leur partenaire, leurs amis ou leur famille. Le Capricorne a besoin de réfléchir profondément, cela aidera les Gémeaux, car ce sont des personnes très impulsives qui agissent sans calculer les risques en aucune circonstance. Les deux apprendront l'un de l'autre.

Verseau - Gémeaux amoureux Compatibilité

Les Gémeaux et le Verseau ont des idées similaires. Le Verseau est très intrigué par les Gémeaux à l'esprit vif, qui à leur tour sont enchantés par l'attitude immuable du Verseau et sa passion profondément humanitaire. Les Gémeaux et le Verseau se comprennent de manière mature et savent aiguiser l'imagination de l'autre avec un grand dialogue. Cependant, le Verseau est connu pour ses idées extrêmement rebelles, qui, bien que merveilleuses, peuvent ennuyer les Gémeaux, qui préfèrent généralement la familiarité à la rébellion. Cependant, malgré une petite ellipse d'instruction, il est facile pour ces deux-là d'apprendre à être ensemble. Cette relation peut évoluer vers une romance formelle et durable.

Compatibilité Verseau - Gémeaux en amitié

Ils seront attirés l'un par l'autre parce qu'ils se ressemblent et ont des personnalités similaires.

Les Gémeaux sont fascinés par la rébellion du Verseau, ce qui renforcera leur créativité. Le Verseau sera attiré par la communication des Gémeaux et leur capacité à négocier et à obtenir ce qu'ils veulent.

Il peut s'agir d'une amitié pour la vie, tant que les Gémeaux contrôlent la jalousie.

Compatibilité Verseau - Gémeaux au travail

En termes de travail, ils ont tendance à former un bon duo. Les deux ont la créativité dont ils ont besoin, et les deux apporteront les qualités dont ils ont besoin pour accomplir tout ce qu'ils entreprennent.

Ils doivent se méfier des critiques, car le Verseau s'exprime directement sans penser aux conséquences, et les Gémeaux peuvent se sentir attaqués, car ils détestent recevoir des critiques, positives ou négatives.

Compatibilité Gémeaux - Poissons amoureux

Les Gémeaux et les Poissons ont une relation complexe. Puisque les Gémeaux sont personnifiés par les Gémeaux, ce signe d'air apporte sa dualité au visage. D'autre part, les multiples profils des Poissons sont moins visibles à l'œil nu.

Le signe des Poissons représente deux poissons unis se déplaçant dans des directions opposées, symbolisant leur relation avec les royaumes subtil et terrestre.

Puisqu'ils ont tous les deux faces, ils comprennent le besoin de liberté et de recherche de l'autre. Cependant, ni les Gémeaux ni les Poissons ne sont doués pour créer des limites, donc ce couple doit beaucoup lutter pour créer une dynamique.

Les Poissons sont sensibles et peuvent se méfier des objectifs qui se cachent derrière la subtilité rusée des Gémeaux.

Pendant ce temps, les Gémeaux sont susceptibles de penser que les Poissons sont trop dramatiques. Pour fonctionner, ce couple a besoin de communiquer honnêtement et sans jeux.

Compatibilité Gémeaux - Poissons en amitié

Ils ne seront pas attirés par eux parce qu'ils ont des personnalités différentes. Cependant, ils ont certains aspects qui les attirent.

Les Gémeaux seront surpris par la façon dont les Poissons voient la vie et voudront vous demander ce qu'ils pensent et comment ils organisent leur vie quotidienne.

Les Poissons seront attirés par la facilité d'élocution des Gémeaux, et la communication est quelque chose qui échoue dans ce signe d'eau.

Gémeaux - Compatibilité Poissons au travail

En ce qui concerne le bureau, c'est là qu'ils sont le plus compatibles. Ils sont tous les deux des travailleurs acharnés, et lorsqu'ils se fixent un objectif, ils luttent jusqu'à ce qu'ils l'atteignent, peu importe ce qu'il en coûte.

Les deux signes se feront aveuglément confiance l'un à l'autre car ils ont des attitudes similaires. Tous deux ont intérêt à réussir et à obtenir des avantages économiques et, surtout, ils sont satisfaits de l'atteinte de leurs objectifs.

Meilleurs animaux de compagnie pour les Gémeaux

Pour les Gémeaux, le plus important est la communication et le contact avec les personnes qui leur sont chères.

Les animaux de compagnie ne font pas exception, les Gémeaux veulent sentir qu'ils sont en contact étroit avec eux, qu'ils savent ce que ressent l'animal qu'ils ont choisi et que leur animal les comprend.

Les oiseaux ayant la capacité de reproduire la voix humaine, comme les perroquets, sont un excellent choix pour les Gémeaux. Dans leur façon de communiquer, ils sont ce qui se rapproche le plus des gens.

Les Gémeaux sont toujours à la recherche de la partie qui les complète, et un animal de compagnie qui les écoute peut-être le début de ce voyage.

Animaux nés sous le signe des Gémeaux

Les animaux nés sous le signe des Gémeaux, quelle que soit l'espèce, ne peuvent pas être seuls, ils ont besoin de l'agréable sensation d'être une partie complémentaire d'un autre être à leurs côtés.

En tant qu'animaux sociaux, ils sont très coopératifs et participent au travail collectif de leur espèce ou des autres.

Ils font preuve de compassion pour les faibles et sont capables d'aider d'autres créatures dans le besoin. Ce sont ces animaux qui vous permettent d'avoir plus d'un animal de compagnie dans votre maison.

Leur besoin constant d'interaction les rend très intelligents. Ils peuvent apprendre plus d'un tour et être très utiles à la maison et pour aider les personnes ayant des limitations physiques.

Ils ont une longue durée de vie et dépassent généralement l'âge naturel de leur espèce. C'est l'un des meilleurs animaux de compagnie à avoir dans la famille, car il ne laisse jamais ses propriétaires les réconforter.

Cadeaux appropriés pour les Gémeaux

Amusant et extraverti. Des cadeaux qui évoquent votre créativité, votre côté communicatif et votre spontanéité. Un billet pour un voyage qui implique beaucoup d'aventures et de risques, un téléphone moderne, un stylo avec des initiales gravées dessus ou un jeu de société feront le bonheur du communicateur du zodiaque.

Les Gémeaux peuvent faire fondre votre cœur avec un souvenir personnalisé qui représente votre relation. Si vous optez pour une photo encadrée de vous deux ensemble ou des bracelets d'amitié, car cela fera sûrement appel à votre côté sentimental pas si secret.

Les Gémeaux adorent s'amuser ! Ils sont amusants, extravertis, flexibles et perpétuellement prêts pour l'aventure, vous ne pouvez donc pas vous tromper avec un cadeau inventif et réfléchi qui fait appel à leur créativité colorée et à leur côté spontané.

Les verres à vin avec le symbole du zodiaque Gémeaux sont un indice, car cet amoureux qui aime s'amuser emportera ce verre de vin avec lui partout où il ira, voltigeant comme le papillon social qu'il est.

Vous pouvez également vous permettre un billet pour un voyage qui est une aventure, car les Gémeaux sont toujours prêts à prendre des risques et à vivre des expériences passionnantes. Il n'est pas nécessaire que ce soit quelque chose d'extraordinaire, mais c'est très amusant.

Quelque chose de très important est que les Gémeaux sont généralement des personnes très drôles et sociables qui aiment tout ce qui touche à la communication : lire, parler, écrire, compter, ils sont capables de passer des heures au téléphone avec leur famille ou leurs amis, donc tout article qui les aide à être en contact avec leurs proches sonnera bien.

Heureusement, ils ne sont pas trop matérialistes et s'intéressent à la fonctionnalité d'un cadeau bien plus qu'à son prix. Ils aiment la variété, et comme elle est liée aux bras, aux mains et aux poumons, les articles et accessoires pour ces zones du corps sont également de bons cadeaux pour un Gémeaux.

Les parties du corps du signe des Gémeaux

Ce signal est associé au dos, aux bras et aux nerfs. Ils sont sujets à la bronchite et aux fractures de la clavicule et des bras. Le stress et l'excès de responsabilité mettent votre système nerveux à rude épreuve.

Plantes pour les Gémeaux

Les Gémeaux sont connus pour leur polyvalence, qui se reflète dans les plantes qui complètent sa personnalité.

Ce signe se caractérise par son esprit agité et sa capacité d'adaptation, il a donc besoin de plantes dynamiques.

Les plantes grimpantes sont idéales pour les Gémeaux car elles leur permettent de grandir de manière flexible, en suivant leur curiosité et en recherchant de nouvelles expériences. Les plantes aux couleurs attrayantes sont également une option pour ce signe, car elles reflètent la vitalité.

La langue du tigre a une feuille bicolore, c'est la plante parfaite pour les Gémeaux. Capable de résister à tous les changements de température et sans avoir besoin de beaucoup d'eau.

L'origan, une plante à l'action sédative, antispasmodique et carminative, aux propriétés antirhumatismales, est également une autre plante pour les Gémeaux.

Il est utilisé dans les troubles digestifs, les affections respiratoires et les douleurs musculaires, en l'appliquant sous forme de frottements.

Rituels d'amour pour le signe des Gémeaux

Rituel à l'orange

Besoin :

- 1 orange

- Stylo rouge

- Feuille d'or

- 1 bougie rouge

- 7 nouvelles aiguilles à coudre

- Ruban rouge

- Ruban jaune

Coupez l'orange en deux et placez au centre le papier doré où vous avez préalablement écrit cinq fois votre nom et celui de la personne que vous aimez à l'encre rouge. Fermez l'orange avec le papier à l'intérieur et fixez-le avec des aiguilles à coudre. Ensuite, enveloppez-le avec le ruban jaune et le ruban rouge, il doit être coloré.

Allumez la bougie rouge et placez la bougie orange devant. Lors de l'exécution de ce rituel, répétez à haute voix : « L'amour règne dans mon cœur, je suis uni pour toujours (répétez le nom de la personne), personne ne nous séparera. »

Lorsque la bougie brûle, vous devez enterrer l'orange dans votre jardin ou dans un parc, de préférence là où il y a des fleurs.

Sort pour augmenter la passion

Besoin :

- 1 feuille de Green Book

- 1 pomme verte

- Fil rouge

- 1 couteau

Ce rituel doit être effectué un vendredi au moment de Vénus. Écrivez le nom de votre partenaire et le vôtre sur la feuille de papier verte et dessinez un cœur autour. Coupez la pomme en deux à l'aide d'un couteau et placez le papier entre les deux moitiés.

Attachez ensuite les moitiés avec le fil rouge et faites 5 nœuds. Pendant que vous faites des nœuds, répétez à haute voix :

« Is maith liom mo shúil, Wow ba me piyáv, Dáv tute m´re ba cana tu mánge šal ». Vous allez prendre une bouchée de la pomme et avaler ce morceau.

À minuit, vous enterrerez les restes de la pomme le plus près possible de la maison de votre partenaire, si vous vivez ensemble, vous l'enterrerez dans votre jardin.

Sort pour se transformer en aimant

Pour avoir une aura magnétique et attirer les femmes ou les hommes, il faut fabriquer un sac jaune contenant le cœur d'une colombe blanche et les yeux d'un tortue en poudre.

Ce sac doit être porté dans la poche droite si vous êtes un homme. Les femmes porteront le même sac, mais à l'intérieur du soutien-gorge sur le côté gauche.

Rituel de l'argent pour les Gémeaux

Sort pendant l'éclipse lunaire.

(Pour attirer vos bonnes énergies et atteindre la prospérité.)

Besoin :

– 1 feuille de papier bleu

-Sel

- 1 grande bougie en argent

- 3 bâtonnets d'encens rose

- 16 petites bougies blanches

Formez un cercle avec le sel sur la feuille de papier. Dans le cercle fait avec du sel, structurez deux cercles, l'un avec les cinq bougies et l'autre à l'extérieur avec les onze restantes. Placez la bougie argentée au centre.

Allumez les bougies dans l'ordre suivant : d'abord celles du cercle intérieur, puis celles de l'extérieur, et enfin celles du milieu. Allumez l'encens avec la grande bougie et placez-le dans un récipient à l'extérieur des cercles.

Lorsque vous faites cela, visualisez vos désirs de prospérité et de succès. Enfin, laissez brûler toutes les bougies. Les restes peuvent être jetés à la poubelle.

Enchantez avec du sucre et de l'eau de mer pour la prospérité.

Besoin :

-Eau de mer

- 3 cuillères à soupe de sucre

- 1 gobelet en cristal bleu

Remplissez le verre d'eau de mer et de sucre, laissez-le à l'extérieur la première nuit de la pleine lune et sortez-le de la sérénité à 6h00 du matin.

Ensuite, ouvrez les portes de la maison et commencez à vous doucher avec de l'eau sucrée de l'entrée vers le bas, utilisez un vaporisateur, tout en le faisant, vous devez répéter dans votre esprit :

« J'attire dans ma vie toute la prospérité et la richesse que l'univers sait que je mérite, merci, merci, merci. »

Rituels de santé pour les Gémeaux

Sort de 3 bougies.

Ce rituel s'adresse aux personnes qui se remettent d'une maladie ou qui ont des douleurs physiques difficiles à éliminer.

(Vous devriez continuer à prendre vos médicaments, c'est-à-dire des suppléments pour un rétablissement plus rapide.)

- 1 bougie dorée

- 1 bougie blanche

- 1 bougie verte

- 1 récipient à bougie

- 1 photo ou objet personnel

- 1 verre d'eau bénite

Placez les 3 bougies en forme de triangle dans le récipient, placez la photo ou l'objet personnel au centre, puis placez le verre d'eau bénite sur la photo ou à côté de l'objet personnel à l'intérieur du triangle de la bougie.

Allumez ensuite les bougies dans le sens des aiguilles d'une montre.

Répétez l'opération en allumant les bougies : Mwen limen bouji sa yo pou reyalize rekiperasyon mwen an, envoke 3 dife entèn mwen yo ak salamand yo pwoteksyon ak undines, transmute doulè sa a ak malèz nan enèji geri nan sante ak byennèt. Répétez cette prière 12 fois.

Lorsque vous avez terminé la prière, prenez le verre à deux mains et versez l'eau dans un drain de la maison, pour terminer le rituel, soufflez les bougies avec vos doigts, vous pouvez les utiliser à nouveau dans le même but.

Il est plus efficace le dimanche à la hauteur du Soleil ou de Jupiter.

Sortilège contre les vices et les vices

Vous devez prendre une bouteille avec un couvercle, la remplir à moitié avec du vinaigre de cidre de pomme et l'autre avec la boisson alcoolisée ou les médicaments que la personne consomme. Au fur et à mesure que vous le remplissez, répétez fermement :

« J'invoque l'univers du Père et de la Terre Mère, les quatre éléments que votre être rendra aigres et amers dans la bouche de cette dépendance (répète le nom de la personne) et l'abandonnerai complètement. »

Fermez la bouteille et scellez-la avec du ruban adhésif, reprenez la bouteille dans vos mains et secouez-la sept fois en répétant : « Tant que cette bouteille reste scellée, (le nom de la personne) ne retombera dans aucun étau. »

Nettoyez l'extérieur de la bouteille avec de l'eau bénite et versez-la dans une rivière.

Histoire de la constellation des Gémeaux

La constellation des Gémeaux représente les jumeaux Castor et Pollux dans la mythologie grecque. Les frères étaient également connus sous le nom de Dioscures, ce qui signifie « fils de Zeus ». Cependant, dans la plupart des versions du mythe, seul Pollux était le fils de Zeus, et Castor était le fils du roi mortel Tyndare de Sparte.

La mère des jumeaux, la reine Léda de Sparte, a été violée par Zeus, qui a rendu visite à la reine sous la forme d'un cygne (associé à la constellation du Cygne), et est tombée enceinte de Pollux et d'Hélène, qui deviendra la célèbre Hélène de Troie.

Le même jour, Léda tombe enceinte de Castor et de Clytemnestre. Ils avaient été engendrés par Tyndare et, contrairement aux fils de Zeus, étaient mortels.

Castor et Pollux ont grandi ensemble et étaient très proches. Castor était un excellent chevalier et habile en escrime, et

Pollux était célèbre pour ses talents de boxeur. Les deux faisaient partie de l'expédition des Argonautes pour obtenir la Toison d'or.

Les jumeaux ont secouru l'équipage à plusieurs reprises. C'est pourquoi ils étaient connus comme les saints patrons des marins, et on disait que le dieu Poséidon lui-même leur donnait le pouvoir de sauver les marins qui faisaient naufrage en mer et qu'il leur donnait également deux chevaux blancs sur lesquels ils sont parfois représentés.

Castor et Pollux enlevèrent les filles de Leucippe, Hylaira et Phoebe, et les épousèrent. Pour cette raison, Ida et Lynchée, également frères jumeaux et neveux de Leucippe (ou prétendants rivaux), tuèrent Castor.

 Pollux, qui avait reçu le don d'immortalité de Zeus, convainquit son père de l'accorder également à Castor. Ainsi, les deux ont alterné en tant que dieux sur l'Olympe et en tant que mortels morts dans l'Hadès.

Zeus a encore récompensé cet amour fraternel en les plaçant tous les deux dans le ciel, où ils restent inséparables comme la constellation des Gémeaux.

Comment trouver la constellation des Gémeaux ?

Cette constellation est mieux visible dans le ciel en hiver. Si nous regardons vers 21h00 vers le sud-est, nous trouverons la constellation des Gémeaux à environ 30° au nord-est d'Orion.

Elle est facile à reconnaître grâce à ses deux étoiles brillantes principales. Elle est située entre les constellations du Taureau et du Cancer et est référencée par les étoiles Castor et Pollux. Les deux sont les étoiles les plus brillantes de cette constellation, et leur proximité en fait un point focal pour regarder le ciel.

Castor et Pollux sont des étoiles doubles, ce qui signifie qu'il y a deux étoiles dans chacune des étoiles. Cela signifie qu'au total, le signe du zodiaque des Gémeaux a quatre étoiles principales. Chacune de ces étoiles à une luminosité différente et est visible à différents moments de l'année.

Étoiles dans la constellation des Gémeaux

Les Gémeaux sont surtout connus pour leurs deux étoiles brillantes, Castor et Pollux, l'étoile à neutrons Geminga et plusieurs objets remarquables dans le ciel, notamment l'amas ouvert Messier 35, la nébuleuse de l'Esquimau et la nébuleuse de la Méduse.

Les deux étoiles les plus brillantes de la constellation, Alpha et Beta Geminorum, marquent la tête des jumeaux.

Quelle est l'étoile la plus brillante de la constellation des Gémeaux ?

Pollux est l'étoile la plus brillante de la constellation des Gémeaux. C'est une étoile géante orange située à 33,7 années-lumière de notre système solaire.

 Cette étoile est l'une des plus grandes et des plus brillantes que l'on puisse voir à l'œil nu depuis la Terre. Sa luminosité est si intense qu'elle peut souvent être confondue avec une planète, mais il s'agit en fait d'une étoile massive qui se trouve à des millions d'années-lumière.

Lune en Gémeaux Natal

Les personnes ayant la Lune en Gémeaux sont influençables, elles peuvent donc facilement apprécier tous les points de vue. Cependant, ils ont du mal à comprendre quel est exactement leur point de vue ou à se concentrer sur un sujet pendant un certain temps.

La Lune est en Gémeaux, vous vous sentez plus confiant lorsque vous explorez de nouvelles idées et que vous appréciez l'interaction sociale avec les autres. La Lune en Gémeaux doit être libre d'explorer la dualité et de vivre toute la gamme des émotions.

Si votre Lune est dans le signe des Gémeaux, votre zone de sécurité est de garder vos options ouvertes et n'hésitez pas à créer votre propre opinion sur différents contextes.

Ascendant Gémeaux

Ce sont des personnes très créatives, dans chaque conversation, elles ont des idées sans fin grâce au fait que leur esprit est constamment en train de créer.

Ce sont des gens qui sont nés avec le don de la recherche et qui veulent savoir comment les choses fonctionnent autour d'eux. Ils transmettent beaucoup de joie partout où ils vont, et ceux qui sont à leurs côtés s'amusent beaucoup avec eux.

L'amour à distance et les signes du zodiaque.

Les relations à distance ont toujours existé, mais à notre époque, il est de plus en plus courant de trouver des couples qui entretiennent les mêmes relations en raison, entre autres, des progrès de la technologie. Ce type de relation peut nous apporter beaucoup de joie, mais aussi beaucoup de conflits psychologiques.

Lorsque quelqu'un tombe amoureux de cette manière, cela crée un ensemble d'attentes qui, si elles ne sont pas satisfaites, peuvent se terminer par une déception. Si une relation dans laquelle nous vivons ensemble au quotidien doit être prise en charge pour que l'amour ne meure pas, une relation à distance nécessite beaucoup plus d'attention.

Toutes les personnes et les relations sont différentes, mais en général, il est très important de communiquer, car dans tout type de relation, la communication est définitive pour réussir.

Tous les signes du zodiaque ne traitent pas les relations à distance de la même manière, voyons ce que l'astrologie en dit :

Bélier : Votre passion est toujours évidente, mais lorsque vous êtes loin de votre amour, elle augmente. Avoir du mal à être avec votre partenaire est un test d'amour, mais cela ressemble souvent à une manifestation de votre incapacité à vous intégrer.

Taureau : Peu importe le nombre de kilomètres que cela vous éloigne de la personne que vous aimez, vous vous battrez toujours pour cet amour. Mais si votre partenaire cesse de vous contacter sans raison, vous l'interprétez comme de la négligence et disparaissez de votre vie.

Gémeaux : Vous avez besoin d'informations quotidiennes sur votre partenaire, alors il vous appelle et vous dit les détails de l'endroit où il se trouve et de ce qu'il fait, même si c'est insignifiant. Vous aspirez à une relation où il y a de la confiance où que vous soyez.

Cancer : C'est dommage, car le seul espace qui assure la sécurité de votre vie amoureuse est la maison. Vous êtes très tendre, et cela s'accentue lorsque celui qui vous a volé votre cœur vous manque.

Lion : Un conflit pour vous, car vous ne pouvez pas concevoir que votre partenaire soit loin, que votre ego soit trop grand. Vous devez avoir le contrôle de la relation. La distance ne vous attire pas longtemps et vous avez tendance à vous sentir limité par elle.

Vierge : Vous ne supportez pas bien la distance car même si vous ne dépendez de personne pour être heureux, lorsque vous tomberez amoureux, vous irez au bout du monde pour être avec la personne qui vous donne des papillons dans le ventre.

Balance : Étant si romantique de temps en temps, vous ferez des déclarations d'amour pour que l'émotion ne soit pas perdue. Parfois, ils doivent se contrôler pour ne pas tomber dans la tentation de l'infidélité.

Scorpion : Ce sera un drame passionné, car les absences ne détruisent pas votre vie amoureuse, seule la monotonie détruit. Vous aimez aussi les ruptures colorées avec un peu de mélodrame.

Sagittaire : Les limites ne sont pas des limites pour vous. Vous êtes attentionné et lorsque vous avez votre âme sœur loin, vous l'êtes encore plus. Vous lui enverrez des courriels et des cartes postales pour lui rappeler à quel point vous l'aimez et à quel point il vous manque.

Capricorne : Tant que durera la relation à distance, vous ferez des projets axés sur l'avenir, cela vous donne de l'espoir et vous fait vous sentir vivant. Votre objectif est de vivre aux côtés de cette personne, et vous le visualiserez quotidiennement.

Verseau : Parfois, vous voulez avoir votre partenaire
pour faire des projets ensemble, et d'autres fois, vous
voulez avoir de l'espace pour développer votre vie
individuelle. En tant qu'amoureux de la liberté, vous n'avez
aucun problème.

Poissons : Romantique, il est normal que vous laissiez
l'amour s'épanouir, même si votre partenaire est à l'autre
bout du monde. La distance est une occasion d'être
amoureux et de manquer l'amour. Vous vous abandonnez
complètement, même si les sept mers sont au milieu.

Séparations de couple. Peut-on reconquérir l'amour ?

L'un des événements les plus tristes que l'on puisse vivre dans le domaine sentimental est la rupture avec notre partenaire. Tous les problèmes relationnels ne peuvent pas être résolus, parfois nous n'avons pas d'options et nous devons mettre fin à la relation et commencer un nouveau cycle.

Lorsqu'une rupture survient, il s'agit d'un trouble si étendu qu'il peut provoquer du découragement, un manque d'appétit et de sommeil et, dans de nombreux cas, même un stress post-traumatique.

Cette mauvaise expérience peut diminuer votre estime de soi et vous faire sentir effrayé à l'idée d'affronter l'avenir. Cependant, en tenant toujours compte de la cause de la séparation, les ruptures ne doivent pas nécessairement être éternelles, elles ne signifient pas nécessairement que la relation est terminée et qu'il n'y a aucune chance de sauver la romance.

Nous devrions toujours nous demander si la relation vaut la peine d'être rétablie et s'il y a plus de raisons d'être ensemble que séparés. Il pèse le pour et le contre, c'est-à-dire analyse s'il y a plus de points positifs que de points négatifs.

Pendant votre absence, apprenez à voir le bon côté des choses et demandez-vous : Quelle était la véritable raison de cet événement ? Si vous voulez reconquérir la personne que vous aimez, vous devez être conscient des contributions que vous avez apportées à la relation, vous analyser.

Pendant la période de séparation, ne perdez pas le contact avec votre partenaire, mais essayez de maintenir un équilibre dans la communication afin de lui donner le temps de vous manquer, et aussi pour qu'elle ait son propre espace et ne se sente pas étouffée. Concentrez-vous sur des sujets généraux.

Essayez de vivre dans l'ici et maintenant, ne conditionnez pas votre bonheur au moment où vous pouvez sûrement vous retrouver, car cela peut arriver, ou peut-être que cela n'arrivera jamais.

Quels que soient vos désirs, s'ils reflètent et diffèrent, vous devez admettre la réalité. Agissez de telle sorte qu'au fil du temps, vous vous sentiez fier de la décision que vous avez prise.

Être patient est essentiel dans ces situations, l'autre personne peut avoir des doutes et peut prendre son temps pour vous observer et penser à vous, vous devez donc continuer votre vie, passer du temps avec vos amis, partager avec votre famille, faire des exercices afin de canaliser l'énergie négative, de renforcer la confiance en soi et de maintenir une bonne humeur.

Beaucoup de gens surmontent facilement ces traumatismes, et l'astrologie a aussi son hypothèse. Les signes qui appartiennent à l'élément air, c'est-à-dire les Gémeaux, la Balance et le Verseau, surmontent très rapidement les ruptures amoureuses, leur cœur ne reste pas brisé longtemps et ils chercheront mille façons d'être occupés et d'arrêter de penser à la situation.

Les signes d'Eau, le Cancer, le Scorpion et les Poissons sont toujours prêts à reconsidérer toute décision, ils savent comment revenir à la normale, effacer la douleur de leur âme et repartir de zéro. Ici, il convient de préciser que s'il y a eu une infidélité, les Scorpions ne la pardonnent pas ou ne l'oublient pas.

La réconciliation est un processus de croissance et de changement soutenu qui nécessite des efforts, de la patience et une modification du comportement, mais l'amour est le sentiment le plus puissant et le plus pur qui soit, et celui pour lequel il vaut la peine de se battre. C'est la force de surmonter tous les obstacles, elle nous rend forts et tendres à la fois. Si vous voulez vous battre pour quelqu'un du fond de votre cœur, allez-y.

Qui est votre âme sœur selon votre signe du zodiaque ?

Lorsque nous entendons le terme « âmes sœurs », nous pensons généralement qu'il s'agit des membres d'un couple, c'est-à-dire de quelqu'un avec qui vous avez un lien sentimental et sexuel fort. Cependant, les âmes sœurs légitimes ne s'identifient pas toujours les unes aux autres à cet égard, et elles ne sont souvent même pas intéressées par l'aspect sexuel d'une relation.

Votre âme sœur peut non seulement être votre partenaire, mais aussi votre père, votre ami, votre fils, votre grand-père, votre patron ou votre sœur.

D'un point de vue astrologique, et en tenant compte du fait que les leçons que nous devons apprendre avant d'atteindre le prochain niveau spirituel sont celles qui définissent le type de relations affectives que nous devons développer dans la vie d'aujourd'hui, nous pouvons dire que le Cancer et les Poissons sont les âmes sœurs du Bélier.

Avec le Cancer et les Poissons, le Bélier peut non seulement mieux se concentrer et résoudre les conflits sans violence, mais aussi développer l'empathie, c'est-à-dire la capacité de se mettre à la place de l'autre et d'apprendre à partager.

Ces deux signes n'aiment pas les conflits, et s'ils le font, ils préfèrent le dialogue à tout épisode de brutalité. Les Gémeaux peuvent apprendre au Cancer et aux Poissons à ne pas avoir besoin de l'approbation des autres, à prendre plus de risques et à ne pas essayer de plaire à tout le monde, c'est-à-dire à s'affirmer davantage.

Le sensuel Taureau, ennemi du changement, parent de sang de l'inertie, a pour âme sœur le Sagittaire et les Gémeaux, deux signes qui savent que la vie est un voyage fascinant, mais pas statique.

Ils peuvent enseigner aux Gémeaux qu'ils n'ont pas à rester là où ils n'ont pas à être par peur de l'incertitude, et qu'il y aura toujours certaines situations ou circonstances qui se produiront sans que nous les attendions et sans que nous ayons le pouvoir de les changer.

Les Gémeaux ont également beaucoup à apprendre à ces signes.

 Des leçons de volonté, d'engagement envers les autres, d'engagement dans ce que l'on fait et de persévérance jusqu'au bout, sans précipitation ni lenteur. Soyez prudent et ayez des principes.

Le Lion peut équilibrer beaucoup de karma avec ses âmes sœurs qui appartiennent à la Balance et au Verseau.

Un Lion peut être têtu avec une idée ou une croyance incorrecte par vanité ; La Balance et le Verseau savent que derrière une personne égocentrique se cache une faible estime de soi. La Balance enseignera au Lion l'équanimité et la tolérance, comment utiliser le raisonnement et la diplomatie pour maintenir une communication fluide.

Le Verseau, le signe opposé au Lion, doté d'un jugement objectif et juste, puisqu'il ne se laisse jamais emporter par les préjugés, apprendra au Lion à voir le cœur des gens, à offrir son épaule et à donner des paroles compatissantes en cas de besoin.

Le Lion n'hésite jamais à prendre des décisions, et s'il le fait, il ne le manifeste pas, ce que la Balance devrait pratiquer.

La fidélité est une caractéristique du Lion, quelque chose que le Verseau ne connaît pas, et les petits lions peuvent leur donner des leçons de moralité.

La Vierge, connue pour être perfectionniste, en raison de l'immense peur de l'échec, a le Scorpion et le Capricorne comme âmes sœurs. La Vierge aime être stricte dans ses décisions et a un prototype dans presque tous les aspects de sa vie.

Cette sélectivité les empêche de suivre le mouvement de la vie. La Vierge détruira littéralement tout un projet s'il estime qu'il n'était pas parfait en premier lieu, ce qu'un Capricorne ne ferait jamais, car sa vision lui permettra de voir qu'il est toujours possible de prendre des mesures alternatives, sans avoir à recommencer.

Le Capricorne est un signe certain de son espace, il ne prend pas de décisions dénuées de sens, ce que la Vierge fait parfois. Le Scorpion, quant à lui, est capable d'atténuer le pire et d'améliorer le meilleur de la Vierge. Le Scorpion et la Vierge ont une approche pratique de la vie, cependant, les Scorpions sont beaucoup plus dynamiques que la Vierge.

Le Scorpion apportera la détermination qui manque à la Vierge, et la Vierge apportera le contrôle et la rationalité au Scorpion passionné.

La Vierge rendra le Capricorne plus agréable et plus joueur autour d'eux, les isolant de ce sérieux excessif qu'ils montrent souvent sur leur visage.

Quel est le signe le plus dominant du zodiaque ?

Le contrôle nous donne un sentiment de sécurité, mais le problème est que nous ne pouvons pas contrôler la grande majorité des choses qui se passent dans nos vies, ou dans la vie des autres, et essayer de le faire ne sert qu'à créer plus de stress et de conflits pour nous.

Les gens qui contrôlent pensent qu'ils savent ce qui est dans le meilleur intérêt de ceux qui les entourent, et ils peuvent vouloir dominer passivement et même indirectement. En fonction de votre signe du zodiaque, vous aurez une façon spécifique de contrôler et vous serez plus ou moins agressif à cet égard.

Bélier : Ils ont tendance à se sentir supérieurs, plus intelligents et plus efficaces. D'où la nécessité de tout surveiller. Ils supposent qu'ils doivent être responsables parce que les autres ne savent pas comment résoudre quelque chose correctement.

Taureau : Ils se sentent autorisés à envahir l'espace de ceux qui les entourent. Ils dévalorisent les succès de l'autre, traitent la personne contrôlée comme incapable, et essaient même de la changer.

Gémeaux : Ce signe est intelligent et sait souvent prendre les rênes sans que vous vous en rendiez compte. Ils ne voient pas l'autre personne comme libre, mais ils doivent dépendre d'elle et de tous les ordres qu'elle donne.

Cancer : Ils croient 'ils doivent superviser les moindres détails de tout ce qui se déplace autour d'eux. Tout doit être planifié et organisé en fonction de ce qui a été décidé avec une extrême rigueur. Et, bien sûr, ils sont convaincus que leur façon de résoudre les problèmes est la meilleure.

Lion : Essayez par tous les moyens de rendre les situations et les comportements des autres conformes à ce qu'ils croient être juste. Un autre élément qu'ils utilisent est les menaces, directes ou indirectes, comme punitions ou conséquences si vous ne faites pas ce que Leo dit.

Vierge : Ils s'immiscent même dans les conversations des autres. Ils critiquent constamment les autres et sont très méfiants. Ils essaieront également probablement de vous présenter à leur cercle d'amis et à leur famille au point d'en faire leur seul environnement social.

Balance : Si possible, ils contrôleraient le flux sanguin de toutes les personnes importantes dans votre vie. Ils agissent comme s'il était tout à fait normal d'anticiper les décisions de l'autre et de les prendre eux-mêmes pour l'autre personne. L'excuse pourrait être de ne pas perdre de temps ou de ne pas faire ce qu'il faut pour tout le monde.

Scorpion : vous contrôle en vous isolant de vos amis ou de votre famille, il le fait de manière très subtile. Ils peuvent se plaindre de la fréquence à laquelle nous parlons aux membres de notre famille ou dire qu'ils ne les aiment pas. D'un autre côté, il peut aussi constamment vous accuser de ne rien savoir.

Sagittaire : C 'est un stratège de contrôle parce qu'il ne contrôle pas tout le temps, et il est super intelligent pour le faire. Il n'hésite pas à donner des conseils aux autres, même s'ils ne le lui ont pas demandé, parce qu'il pense qu'il sait mieux que quiconque comment ils doivent procéder.

Capricorne : Ils sont souvent adeptes de la culpabilité pour obtenir ce qu'ils veulent des autres. Ils sont très condescendants, utilisant ce mécanisme pour cacher leur tentative de pouvoir ou de contrôle sur l'autre.

Verseau : Ils ne supportent pas de ne pas savoir ce qui va se passer ou à quoi ressemblera l'avenir. Ils croient que les autres sont imparfaits à tous points de vue. Ils se sentent anxieux et contrariés lorsque les choses ne se passent pas comme ils l'avaient imaginé. Ils aiment qu'on ait besoin d'eux parce que cela leur permet de se sentir responsables de certaines situations et cela les rassure.

Poissons : A tendance à contrôler les choses ou les personnes avec des stratégies émotionnelles. Étant sensible, vous pouvez être un expert du chantage émotionnel. Il fait appel à la confiance que l'autre a en lui et finit par l'utiliser comme argument lorsqu'il prend l'initiative de prendre des décisions.

Il peut être difficile d'accepter l'idée que nous ne pouvons pas toujours savoir ce qui va se passer, ou de tout contrôler. Souvent, cette tentative de contrôle, surtout dans les couples, découle de la peur de l'abandon.

Nous devons garder à l'esprit que l'une des bases pour éliminer cette peur, tant dans le couple que dans une autre sphère de la vie, est la confiance et la communication, en exposant nos peurs et en acceptant de laisser l'autre personne exprimer librement son opinion.

L'amitié d'un point de vue astrologique.

L'amitié est l'un des plus beaux liens humains, un ami est le refuge dans nos peines et avec qui nous partageons des moments de joie.

 Certaines amitiés naissent instantanément, tandis que d'autres mettent des années à se solidifier. Elle est fondée sur la réciprocité et le compromis.

Trouver un ami authentique à notre époque est un peu difficile car nous vivons dans une société où presque tout le monde essaie de bénéficier de quelque chose, donc quand nous le trouvons, nous nous y accrochons.

Il est important de se rappeler que chaque personne qui croise notre chemin, bonne ou mauvaise, nous apporte une leçon importante à apprendre.

Quand il s'agit d'amitié, l'astrologie, comme toujours si fascinante, a beaucoup à dire. Nous n'accordons pas tous la même valeur à l'amitié dans nos vies, et nous n'interagissons pas avec nos amis de la même manière.

Le Bélier est un signe très généreux et spontané. C'est le genre d'ami qu'il y a dans les bons comme dans les mauvais moments. Avec eux, vous vivez des aventures et des journées folles. Les Béliers laissent parfois leur tempérament obscurcir leurs véritables qualités, mais en fin de compte, ce sont des personnes en qui vous pouvez avoir confiance. Pour le Bélier, la Balance et le Verseau sont vos meilleurs alliés.

Taureau, les amis les plus têtus, mais les plus fiables. L'amitié du Taureau surmonte tous les revers et surmonte les barrières du temps. Ce sont des amis dévoués, loyaux et constants et de bons conseillers. Parfois possessif et jaloux. Les meilleurs alliés du Taureau sont le Capricorne et le Cancer.

Les Gémeaux sont super amusants et ont toujours beaucoup d'amis. Il est un peu incohérent et bavard, c'est pourquoi il n'est pas digne de confiance. Avec eux, il s'agit de suivre le courant et de s'acclimater à leur comportement polyvalent. Les amitiés Gémeaux doivent avoir un lien intellectuel, c'est pourquoi leurs meilleurs alliés sont la Balance et le Lion.

Cancer, votre groupe d'amis est trop petit parce que vous avez peur de vous ouvrir aux autres. C'est un ami super sentimental, généreux et protecteur. Toujours prêt à lui offrir son épaule pour apaiser ses afflictions. Si vous êtes leur ami, vous faites partie de leur famille. Les meilleurs alliés du Cancer sont la Vierge et les Poissons.

Le Lion est charismatique, drôle et chaleureux. Il est très loyal et se sacrifie pour ses amis. En raison de leur aura magnétique, ils attirent beaucoup d'amis. Ils prennent un plaisir extrême à rendre service, à donner sans rien attendre en retour. Cependant, leur esprit de compétition et leur égocentrisme sont leur talon d'Achille, ils ont besoin d'amis humbles et patients. Vos meilleurs alliés sont le Capricorne et le Sagittaire.

Vierge, la perfection s'étend également à ce domaine. Ils sont exigeants et sélectifs. Ils ignorent leurs problèmes personnels pour donner un coup de main à leurs amis. Ils sont affables et discrets. Parfois, ils aiment s'enfermer dans leur propre monde et ne permettre à personne d'y entrer. Les meilleurs alliés de la Vierge sont le Cancer et le Scorpion.

Balance, ils sont harmonieux, sereins et calmes. Ils savent s'amuser avec leurs amis, ils aiment vivre entourés d'amis, et grâce à leurs compétences diplomatiques, ils savent comment résoudre les problèmes de leurs amis. Lorsque vous créez une amitié, elle est authentique. Les meilleurs alliés de la Balance sont le Sagittaire et le Verseau.

Scorpion, votre attitude est honorable et juste. Jaloux et possessif de vos amis, avoir un Scorpion parmi vos amis est synonyme de soutien absolu. Le Scorpion est l'un des amis les plus fidèles que vous puissiez trouver au cours de votre vie, d'excellents conseillers. Les meilleurs alliés du Scorpion sont la Vierge et le Capricorne.

Sagittaire, avoir un ami de ce signe, c'est comme avoir une fortune. Leur amitié est l'une des plus sincères, des plus pures et des plus nobles de tout le zodiaque. Le Sagittaire va jusqu'à ses amis. Ils ont la capacité d'avoir beaucoup d'amitiés et ils ont la capacité de résoudre des problèmes, ils sont protecteurs. Les meilleurs alliés sont la Balance et les Gémeaux.

Capricorne, il n'est pas facile de se faire des amis car vous êtes très circonspect et prudent. Ils ont tendance à rechercher des amitiés qui durent longtemps parce qu'ils savent à quel point ces liens sont importants dans la vie. Quand il peut établir une connexion, il est loyal. Il aime qu'on l'écoute et qu'on ne lui accorde pas d'avis qu'on l'ignore. Vos meilleurs alliés sont le Taureau et la Vierge.

Le Verseau est l'ami parfait, respecte la vie privée de ses amis et est discret. Très généreux envers ceux qu'ils aiment vraiment. Mais ce à quoi ils ne peuvent pas résister, c'est à quelqu'un qui essaie d'entraver leur liberté, parce qu'ils sont si indépendants. Un ami Verseau est un véritable trésor dont il faut prendre soin, car il donnera toujours le meilleur de lui-même sans rien demander en retour. Vos meilleurs alliés sont la Balance et le Bélier.

Poissons, la paix qui émane de ce signe est un aimant pour attirer les amis. Ils sont doux et loyaux, c'est pourquoi ils génèrent une empathie inégalée. Ils sont sincères et s'expriment avec le cœur, mais ils exigent que les autres leur rendent la pareille. Ils ont besoin d'être seuls et de réfléchir, donc ils ne passeront probablement pas autant de temps avec leurs amis. Vos meilleurs alliés sont le Taureau et le Scorpion.

Les signes du zodiaque et leur relation à l'argent.

Nous avons tous une relation complexe avec l'argent. Que nous venions d'une famille riche ou pauvre, au cours de notre vie, nous acquérons certaines normes en matière d'argent et bien que la grande majorité d'entre elles proviennent de notre environnement familial, d'un point de vue astrologique, nous pouvons observer comment les étoiles affectent ce domaine de notre vie.

La deuxième maison est liée aux biens matériels et personnels, à la relation que nous entretenons avec l'argent et peut révéler si nous sommes économes, quelle valeur nous accordons aux choses matérielles et à nous-mêmes.

D'une manière générale, on peut résumer :

Le Bélier, le premier signe du zodiaque, a beaucoup de chance pour gagner de l'argent, beaucoup de Béliers réussissent, mais ils sont aussi impulsifs, téméraires et audacieux. Le Bélier n'est pas prudent et ne calcule pas les risques, il intervient tôt si quelque chose le tente en matière d'argent et va contre lui car il peut tout perdre dans un mouvement mal exécuté.

Le **Taureau** aime la **belle** vie, est un travailleur acharné et un bon gestionnaire, il évitera donc autant que possible les dépenses qui ne sont pas dans son budget, car il aime la stabilité économique. Ils s'adonnent à une **belle** vie, mais dans les limites de leur compte en banque. Au-dessus des autres signes, ils savent combien il en coûte pour gagner de l'argent.

Pour **les Gémeaux**, la confiance vous joue souvent des tours lorsqu'il s'agit d'argent. Ils vont d'un extrême à l'autre, un jour ils passent comme s'il n'y avait pas de lendemain, mais le lendemain ils sont plus économes qu'un religieux avec un serment de pauvreté. Ils ne sont pas prévisibles quand il s'agit d'argent, ils ne s'en soucient pas dans les détails. Leur sociabilité les transforme en aimants pour attirer l'argent.

Les **Cancers** sont un signe qui a besoin de sécurité économique, qui a la capacité et la capacité d'investir, qui aime accumuler de l'argent et qui peut développer un amour pour celui-ci. Non seulement ils l'utilisent pour leur propre sécurité, mais aussi comme un élément de pouvoir, ainsi que pour protéger ceux qu'ils aiment. Les Cancers sont des banquiers et des entrepreneurs extraordinaires.

Le Lion est séduit par le luxe. Ils sont compétitifs, le domaine financier est un moyen essentiel de se démarquer. Ils consomment plus qu'ils n'ont et achètent sans perdre de prix. Ils se battent contre n'importe quoi pour obtenir de l'argent. Ils aiment ce qui est cher et pompeux, parfois ils peuvent s'engager un peu, mais il ne faut pas longtemps pour payer ce qu'ils doivent, car leur ego ne leur permet pas d'être étiquetés comme des mauvais payeurs.

La transparence est homologue à **la Vierge,** tout comme la prudence dans toutes ses opérations, ce qui, transcrit en argent, signifie qu'elle ne gaspillera jamais ou n'investira jamais dans quelque chose qui n'est pas rentable. Ils ont une capacité particulière à détecter l'argent, à le gérer et sont passés maîtres dans l'art d'épargner en raison de leur capacité d'analyse.

Les épisodes d'indécision de la **Balance** affectent son espace économique. Votre tendance au déséquilibre affecte également votre chéquier. Grâce à leur fluidité, ils sont capables d'échapper à des situations financières désastreuses, inventant les moyens de transformer les erreurs en victoires. Ils font de bonnes affaires en raison de leur essence diplomatique.

 Les Scorpions ont besoin d'activité économique pour se sentir vivants, la gestion de leur compte en banque est impossible à déchiffrer. Vos ressources sont utilisées pour ce qui est important et nécessaire. Ils sont d'excellents générateurs et fournisseurs d'argent car ils sont ambitieux, ce qui, combiné à leur intelligence, est l'équation parfaite pour leur tranquillité d'esprit matérielle.

L'un des signes les plus généreux est le **Sagittaire**, ils partagent l'argent comme s'il poussait sur les arbres. Leur esprit et leur attitude positifs leur permettent de mener à bien n'importe quel projet et de générer de grandes ressources économiques. La chance est toujours de votre côté, tout comme l'argent. Il pointe toujours la flèche vers l'infini, c'est pourquoi les meilleures opportunités pleuvent sur lui.

Le Capricorne méthodique dépense chaque centime qu'il dépense est parfaitement planifié. Extrêmement discret dans ses dépenses. Parce qu'ils sont si pessimistes, ils prédisent inconsciemment les événements dans leur domaine économique, et il est très difficile de se laisser distraire par les aspects financiers. Ils apprécient l'argent non pas par ambition, mais à cause de l'effort qu'ils doivent faire pour l'acquérir.

Les Verseaux détestent avoir des dettes et ne les dépensent pas pour des choses inutiles. Parfois, ils passent de la chance à l'adversité en un clin d'œil, mais parce qu'ils sont si intelligents, ils ont immédiatement une idée ou un plan pour sortir de la crise. La plupart de leurs objectifs sont altruistes, ils allouent donc leurs ressources aux autres. Quand ils veulent gagner de l'argent, ils le font très bien.

Étant extrêmement distraits, **les Poissons** peuvent facilement se ruiner. Ils ont besoin de quelqu'un pour les guider lorsqu'il s'agit d'investir. Votre intuition est un allié de taille pour repérer les opportunités qui peuvent vous générer de l'argent. Ils ne sont pas formés pour vivre sous pression, leur environnement doit donc être calme pour réussir.

La spiritualité et les signes du zodiaque.

La spiritualité est liée à la capacité de voir au-delà du monde matériel, et il est évident que certaines personnes ont cette vertu plus développée que d'autres. Le spirituel, l'intangible, ce qui va au-delà du terrestre, n'affecte pas tout le monde de la même manière.

Évoluer par la connaissance de soi est notre but dans ce monde, et un outil essentiel pour y parvenir est la spiritualité.

Nous avons tous des sentiments et des intérêts qui vont bien au-delà du physique et du banal, se manifestant par l'accent mis par chaque signe du zodiaque sur la spiritualité, certains étant plus spirituels et d'autres apparemment non.

La première place revient aux Poissons. C'est l'un des signes les plus spirituels, car ils ont un lien incroyable avec le monde mystique.

Ils ont une capacité intrinsèque à se connecter avec les émotions des autres, ce qui génère parfois une grande mélancolie car ils veulent résoudre les problèmes de chaque personne qui coïncident avec leur chemin. Ils sont intuitifs, rêveurs et apprécient toutes les pratiques spirituelles.

Le cancer arrive en deuxième position. Ils sont très fervents lorsqu'il s'agit de religion ou de pratiques spirituelles. Toujours en quête au-delà de la raison, désireux de comprendre sa propre essence et celle de ceux qui l'entourent. En quête d'harmonie entre le corps, l'esprit et l'âme, le crabe est un être totalement spirituel, il est abîmé par ce qui se passe autour de lui et cela révèle en grande partie son changement d'humeur et sa susceptibilité.

Les natifs du Scorpion sont à la troisième place de la liste, envoûtés par le mysticisme et la sagesse orientale, ils révèlent un sixième sens qui leur permet de prédire les événements et de décoder les circonstances là où d'autres restent inconscients.

Leur apparence arrogante et leur attitude belliqueuse ne nous permettent pas toujours de les entrevoir, mais derrière tout cela se cache un être intensément spirituel, qui perçoit les gens bien au-delà de sa carapace physique et de ses possessions.

Le Verseau, un signe d'air, numéro quatre sur cette échelle, valorise chaque personne qu'il rencontre au-delà de son propre bénéfice. Sa nature révolutionnaire s'étend également aux questions spirituelles. Je suis toujours à l'affût d'inférences et de motivations qui vont au-delà du matériel et de la méthode. Ils sont très perspicaces, mais aussi intuitifs et réactifs. Leur philosophie de vie est unique et ils la vivent, ils explorent toujours comment incorporer de nouvelles expériences spirituelles, pour eux réside la vraie richesse.

La cinquième place est partagée par la Balance et le Sagittaire. Les libérateurs aiment le monde ésotérique et adorent la liberté ; Ils manquent de tabous et de limites, ce qui leur permet d'avoir une plus grande connexion avec tout ce qui n'est pas tangible, d'atteindre la paix de l'esprit qu'ils désirent, ils s'immergent dans les chemins lumineux de la spiritualité. Les Balances évoluées réalisent inconsciemment qu'elles doivent unir la dualité humaine à l'unité divine.

Les Sagittaires ont une grande vision de l'avenir, ils sont considérés comme le plus prophétique des signes car ils ressentent le besoin de comprendre le sens de la vie. Ils aiment explorer au-delà des frontières physiques et psychiques.

C'est une généralité car un thème natal est complexe, il y a des planètes et des aspects qui, avec leurs différents alignements, peuvent donner des conclusions différentes. Neptune, par exemple, représente l'amour universel, les rêves, l'inconscient, le psychique, la sensibilité aux problèmes des autres et les mystères.

La maison dans laquelle se trouve Neptune indiquera la façon dont les choses seront faites pour les gens qui nous entourent. C'est une planète intuitive. D'autre part, Pluton, la planète de la renaissance, dans une carte montrera la manière dont la personne effectuera sa croissance spirituelle.

Jours fériés et signes du zodiaque

Les vacances procurent des avantages physiques et mentaux. Il a été démontré que les vacances réduisent les niveaux de stress et sont bénéfiques pour le système immunitaire. Parfois, la planification de vacances est source de stress car les options sont infinies et la décision devient une tâche chimérique.

L'utilisation de l'astrologie et la compréhension de votre personnalité vous donnent une idée du lieu de vacances idéal pour vous.

Bélier un complexe hôtelier tout compris avec des activités sportives de plein air dans un endroit confortable comme Punta Cana, Cancun et les îles Turques-et-Caïques serait idéal. L'Australie est un pays passionnant qui vous procure une richesse d'émotions qui fera battre votre cœur plus vite.

Taureau, un séjour dans un ressort de luxe aux îles Caïmans, ou des vacances de luxe à Dubaï, dans un hôtel qui dispose de toutes les commodités seront très tentants. L'Italie est un pays parfait car vous y trouverez tout ce dont vous avez toujours rêvé : amour, charme, luxe, nourriture délicieuse et vins de première qualité.

Les Gémeaux aiment se sentir intellectuellement engagés. Les voyages avec excursions guidées, comme un safari en

Afrique ou la recherche d'espèces dans les îles Galápagos, offrent au communicateur du zodiaque une expérience luxueuse.

Cancer, courts voyages, entouré de sa famille et de ses amis. Disney World, profiter des attractions et de ses différents repas est une option. À Orlando, en Floride, il y a plusieurs hôtels et centres de villégiature fantastiques, chacun avec un thème unique et charmant.

Lion, séjourner dans un bungalow en bord de mer à Tahiti est idéal pour ce signe. Une autre alternative de luxe, que le lion adore, serait de louer une île tropicale privée aux Maldives, aux Fidji ou dans les îles Vierges.

Vierge, l'Italie est la meilleure option. Dans ce pays, ils vous tiendront bien occupés. Étant un signe de terre qui vous relie au monde qui vous entoure, des endroits comme La Romana en République dominicaine, Puerto Viejo au Costa Rica et Belo Horizonte au Brésil vous insuffleront de la vie.

Balance s'engage auprès des villes qui ont des musées. Des vacances tropicales ne seront pas aussi satisfaisantes pour la Balance que de visiter le Louvre à Paris, le musée de l'Acropole à Athènes, en Grèce, le musée du Prado à Madrid, en Espagne, ou la galerie des Offices à Florence, en Italie.

Scorpion, passez quelques jours sur une plage isolée avec de l'alcool et des massages. En Grèce, à Bali, à Saint-Martin ou à Hawaï, vous trouverez tous ces luxes. Visiter les sites historiques à proximité de votre hôtel de luxe serait une combinaison étonnante de vacances tropicales et culturelles. Mykonos et Roda en Grèce sont des destinations parfaites.

Sagittaire, explorez le Camino de Santiago, un réseau de sentiers très différents, qui mènent tous à la ville de Saint-Jacques-de-Compostelle. Chaque itinéraire a sa propre histoire, son patrimoine et sa magie. Le Sagittaire est un voyageur qui veut de nouvelles expériences, vous trouverez donc tout ce que vous cherchez en Irlande.

Capricorne, un signe orienté vers un but. Des vacances au cours desquelles ils peuvent nouer de nouvelles relations de travail. La Chine serait spectaculaire. Le Capricorne a un sens de la valeur historique que les autres signes n'ont pas, donc des pays comme Israël et l'Égypte, où se trouve l'histoire, vous feront vous sentir comme chez vous.

Le Verseau aime les nouvelles idées, les endroits inconnus
et les nouvelles relations. Le Japon est un pays formidable
à visiter, non seulement en raison de son histoire et de sa
culture fascinantes, mais aussi parce que chacune de ses
régions à quelque chose de différent à offrir.

Poissons, un signe d'eau qui se contente de vacances
tropicales. Un hôtel sur la plage serait idéal. L'île « La
Dique » dans la République des Seychelles, peut-être la
plus belle plage du monde, sera un succès assuré. Les
Poissons, qui possèdent une vision calme de la vie, étant
gouvernés par Neptune, font de lui un penseur créatif. La
Suède est un pays qui vaut la peine d'être visité, car vous y
trouverez une culture innovante.

À propos des auteurs

En plus de ses connaissances en astrologie, Alina Rubi a un riche parcours professionnel ; Elle a des certifications en psychologie, hypnose, Reiki, guérison bioénergétique par les cristaux, guérison angélique, tarot, interprétation des rêves et est instructrice spirituelle. Ruby possède des connaissances en gemmologie, qu'il utilise pour programmer des pierres ou des minéraux en puissantes amulettes protectrices ou talismans.

Rubi a un caractère pratique et axé sur les résultats, ce qui lui a permis d'avoir une vision particulière et intégrative des différents mondes, facilitant la résolution de problèmes spécifiques. Alina écrit des horoscopes mensuels pour le site Web de l'American Association of Astrologues, vous pouvez les lire sur le site Web de www.astrologers.com.

Il rédige actuellement une chronique hebdomadaire dans le journal El Nuevo Herald sur des sujets spirituels, publiée tous les dimanches en format numérique et le lundi en format imprimé.

Il a également un emploi du temps et l'horoscope hebdomadaire sur la chaîne YouTube de ce journal. Son Annuaire astrologique est publié chaque année dans le journal « Diario las Américas », sous la rubrique Rubi Astrologa.

Rubi a écrit plusieurs articles sur l'astrologie pour la publication mensuelle « Today's Astrologer », il a enseigné des cours d'astrologie, de tarot, de lecture de la paume, de lithothérapie et d'ésotérisme. Elle a des vidéos hebdomadaires sur des sujets ésotériques sur sa chaîne YouTube : Rubi Astrologer. Son programme d'astrologie a été diffusé quotidiennement par Flamingo TV, a été interviewée par diverses émissions de télévision et de radio, et chaque année, son « Annuaire astrologique » est publié avec l'horoscope signe par signe, et d'autres sujets mystiques intéressants.

Elle est l'auteur des livres « Riz et haricots pour l'âme » Partie I, II et III, un recueil d'articles ésotériques, publiés en anglais, espagnol, français, italien et portugais. « De l'argent pour tous les budgets », « L'amour pour tous les cœurs », « La santé pour tous les corps », Annuaire astrologique 2021, Horoscope 2022, Rituels et sorts pour réussir en 2022, Sorts et secrets, Cours d'astrologie, Cours de tarot, Cours d'ésotérisme, Compatibilité de l'amour et des signes du zodiaque, Rituels et amulettes 2023 et Horoscope chinois 2023, tous disponibles en cinq langues : Anglais, Italien, Français, Japonais et Allemand.

Rubi parle couramment l'anglais et l'espagnol, combinant tous ses talents et ses connaissances dans ses lectures. Il réside actuellement à Miami, en Floride.

Pour de plus amples renseignements, veuillez consulter le site Web suivant : **www.esoterismomagia.com**

Bibliographie

Des articles publiés par l'un des auteurs dans El Nuevo Herald ont été utilisés.

www.ingramcontent.com/pod-product-compliance
Lightning Source LLC
Chambersburg PA
CBHW060202120726
48004CB00007B/1657